D1695146

Otto Gritschneder
Bewährungsfrist für den Terroristen Adolf H.

Otto Gritschneder

Bewährungsfrist für den Terroristen Adolf H.

Der Hitler-Putsch
und die bayerische Justiz

Verlag C. H. Beck München

CIP-Titelaufnahme der Deutschen Bibliothek

Gritschneder, Otto:
Bewährungsfrist für den Terroristen Adolf H. : der Hitler-Putsch und die bayerische Justiz / Otto Gritschneder. –
München : Beck, 1990
ISBN 3-406-34511-5

ISBN 3-406-34511-5

© C. H. Beck'sche Verlagsbuchhandlung (Oscar Beck)
München 1990
Umschlagentwurf: Bruno Schachtner, Dachau
Satz und Druck: Appl, Wemding
Printed in Germany

Vorwort

Der Titel dieses Buches bezeichnet nur den äußeren Ablauf der Ereignisse, die am Beginn der Laufbahn Adolf Hitlers standen:

- die „Revolution" im Bürgerbräukeller am 8. November 1923
- den „Marsch zur Feldherrnhalle" am 9. November 1923
- die Verurteilung Hitlers wegen Hochverrats am 1. April 1924 und
- die Begnadigung und vorzeitige Haftentlassung Adolf Hitlers wegen „guter Führung" am 20. Dezember 1924.

Das alles ist in vielen Büchern immer wieder geschildert worden. Ich bringe daher nur eine Zusammenfassung dieser spektakulären Ereignisse, soweit das für mein eigentliches Thema erforderlich ist.

Das eigentliche (in der zeitgeschichtlichen Literatur bisher vernachlässigte) Thema dieses Buches ist nämlich die, gelinde gesagt, extreme Harmlosigkeit, Unbedarftheit und Hilflosigkeit der auf dem rechten Auge erblindeten Richter und Politiker im Bayern der zwanziger Jahre, die es versäumten, den später alles so sinnlos niederreißenden Strom an der Quelle abzufangen.

Die hier wiedergegebenen Dokumente und ihre juristische und historische Analyse umfassen deshalb lediglich die so verhängnisvoll milde „Verurteilung" Hitlers durch das rechtslastige Volksgericht in München und die Begnadigung sowie die auffällig rasche Entlassung Hitlers aus der

Festungshaft durch das traditionsreiche Bayerische Oberste Landesgericht. Ich füge also nur einen kleinen, freilich besonders wichtigen Mosaikstein in das düstere Bild des späteren „Führers des Großdeutschen Reiches".

Aber Geschichte wird ja richtig interessant immer erst im Detail.

Otto Gritschneder

Inhaltsverzeichnis

I. Der Hitler-Putsch 11

1. Der 8. November 1923 11
Hitler ruft im Münchner Bürgerbräukeller die „Revolution" aus 11
Kahr, Lossow und Seißer werden von Hitler mit der Pistole erpreßt 14
Geiselnahme und Verschleppung von Regierungsmitgliedern 20
Kultusminister Matts Aufruf zum Widerstand 20

2. Der 9. November 1923 21
Entwaffnung der Polizei, Bankraub, „Haussuchung", Geiselnahme 22
Die Putschisten erschießen vor der Feldherrnhalle vier Polizisten 24
Die Landespolizei erwidert am Odeonsplatz das Feuer 26
Fünfzehn tote Putschisten, Hitler flieht 26

II. Der Hitler-Prozeß 32

1. Der 11. November 1923. Die Gefangennahme 32
Polizeioberleutnant Belleville entdeckt Hitler und bringt ihn in die Haftanstalt Landsberg . 32
Der Anstaltspsychologe Ott redet Hitler Hungerstreik und Selbstmord aus 34

2. Der 13. Dezember 1923. Der II. Staatsanwalt Hans Ehard vernimmt den Häftling Hitler . . 35
Hitler bricht sein Schweigen 37
„Kein Hochverrat" 38

Kahr, Lossow und Seißer hätten „mitgemacht" 40
Volksgericht in München oder Staatsgerichtshof in Leipzig? 43
3. Die allgemeine politische Stimmung 43
4. Das Urteil vom 1. April 1924 48
   a) Die Fehler des Urteils 49
      Unzuständigkeit 49
      Was das Gericht unberücksichtigt läßt . . . 52
      Wieso „Mildernde Umstände"? 53
      Was ist „vaterländischer Geist"? 54
      Keine Ausweisung Hitlers 56
      Gesetzwidrige Bewährungsfrist 58
      Formfehler 60
      Nicht erwähnte Verbrechenstatbestände . . . 62
      Der Volksgerichts-Vorsitzende Georg Neithardt 62
      Ein Beisitzer berichtet 65
   b) Der Urteilsspruch. Bewährungsfrist in Aussicht gestellt 67
   c) Gründe des Urteils 71
      Wie das Gericht die Vorgeschichte sieht . . 71
      Was das Gericht für erwiesen hält 78
      Rechtliche Würdigung: Hochverrat 81
      Tatbestandsmerkmal „Gewalt" 86
      Notwehr? 90
      Mildernde Umstände 92
      Keine Ausweisung 94
5. Rechtsprofessoren kritisieren das Hitler-Urteil 94

III. Vorzeitige Entlassung Hitlers „auf Bewährung wegen guter Führung". 97
   1. 23. September 1924. Münchner Polizeidirektion: Vorzeitige Entlassung Hitlers wäre eine

„ständige Gefahr für die Sicherheit des Staates" 101

2. 23. September 1924. Die Staatsanwaltschaft warnt: Keine Bewährungsfrist bewilligen! . . 103

3. Herausgeschmuggelte Briefe 107

4. Hitler verspricht schriftlich: Niederlegung der politischen Führung, keine Einflußnahme mehr auf „Wehrorganisationen" 110

5. 25. September 1924. Das Landgericht bewilligt Entlassung Hitlers auf Bewährung 114

6. 29. September 1924. Die Staatsanwaltschaft legt Beschwerde gegen die Bewilligung vorzeitiger Haftentlassung Hitlers ein 116

7. 30. September 1924. Die Haftanstaltsdirektion beschäftigt sich erneut mit herausgeschmuggelten Briefen 119

8. 6. Oktober 1924. Auch das Bayerische Oberste Landesgericht bewilligt Bewährungsfrist für Adolf Hitler 119

9. 13. November 1924. Haftanstaltsdirektor Leybold bestätigt nun Hitlers „gute Führung" . . 125

10. 5. Dezember 1924. Ein letzter Versuch der Staatsanwaltschaft 126

11. 14. Dezember 1924. Leybold muß erneut dem Obersten Landesgericht über die „gute Führung" Hitlers berichten 128

12. 19. Dezember 1924. Das Oberste Landesgericht verfügt endgültig die vorzeitige Entlassung Hitlers 130

13. Der Kampf um die Verkürzung der Bewährungsfrist 132
    18. März 1926. Die Staatsanwaltschaft ist dagegen 132
    8. April 1926. Das Landgericht verkürzt die Bewährungsfrist um zwei Jahre 133

14. 1927. Der Landtagsausschuß-Bericht Wilhelm Hoegners bleibt ohne Wirkung 137

15. 28. Juli 1928. Erlaß der Reststrafe 141

16. 30. Januar 1933. Hitler leistet den Ministereid auf die Weimarer Verfassung 142

Anmerkungen 146

Gesetze, Verordnungen, Erlasse 153

Quellen- und Literaturhinweise 169

Abbildungsverzeichnis 172

Biographische Angaben (zugleich Personenregister) . . . 173

I. Der Hitler-Putsch

Adolf Hitler wurde am 1. April 1924 vom Volksgericht in München wegen gewaltsamen Hochverrats verurteilt, und zwar nur zu fünf Jahren Festungshaft, ein extrem mildes Urteil. Nach gut acht Monaten wurde er bereits wieder „auf Bewährung" entlassen.

Wer diese historisch so ungemein bedeutsam gewordenen Vorgänge im einzelnen verfolgen und beurteilen will, muß sich zunächst ein Bild über die Straftaten Hitlers machen, die diesen folgenschweren Entscheidungen einer gutgläubigen Justiz zugrundeliegen.

Die verharmlosende Bezeichnung „Putsch", die dafür üblich geworden ist, verstellt den Blick für den wahren Charakter dieser Geschehnisse. Bei Licht besehen, war es ein mit äußerster Brutalität ins Werk gesetzter mörderischer Aufstand einer katilinarischen Existenz gegen die sich allmählich wieder festigende staatliche Ordnung im Reich und im Bayern der Jahre nach dem Ersten Weltkrieg.

Dieses gründlich vorbereitete Unternehmen hatte zwei Schwerpunkte:

1. Der 8. November 1923

Hitler ruft im Münchner Bürgerbräukeller die „Revolution" aus

Der berufslose, in den Akten bald als „Schriftsteller", bald als „Kunstmaler" rubrizierte Adolf Hitler aus dem österreichischen Braunau hatte den Ersten Weltkrieg 1914 bis 1918 an der Front und im Schützengraben mitgemacht, war als

Gefreiter mit dem Eisernen Kreuz Erster Klasse ausgezeichnet worden und wußte nun nach dem Verlust des Krieges nicht recht, was er anfangen sollte. So „beschloß" er, wie er in seinem Propagandabuch „Mein Kampf" bekundet, „Politiker zu werden".[1]

Er wandte sich schon 1918 der immer noch zum Kampf entschlossenen „Rechten" zu, die der sinnlose Krieg in eine Sackgasse geführt hatte: 1,8 Millionen Männer waren auf deutscher Seite gefallen, über eine halbe Million wartete in den Gefangenenlagern auf die Heimkehr. Der Krieg war zu Ende, aber im Volk herrschten Verzweiflung und Not. Die bedrückenden Bestimmungen des Friedensvertrages von Versailles (28. Juni 1919), den man bald nur noch „Versailler Schanddiktat" nannte, provozierten alsbald eine nationale Opposition. Die entgegen dem Ergebnis der Volksbefragung und nach harten Kämpfen mit polnischen Insurgenten verfügte Zuweisung Oberschlesiens an Polen durch den „Obersten Rat der Alliierten" (1921) und der Einmarsch von fünf französischen Divisionen ins Ruhrgebiet, weil Deutschland 1923 mit den als Reparationsleistungen verlangten Kohlenlieferungen in Verzug geraten war, dazu die galoppierende Inflation (Geldentwertung 1 : einer Billion) – das alles war für viele Anlaß, nach einem „starken Mann" Ausschau zu halten.

In diesem düsteren politischen Klima hielt Hitler aufmunternde Propagandareden an die heimgekehrten Soldaten. 1919 trat er der „Deutschen Arbeiterpartei" bei und übernahm bald deren Führung. Sein machtpolitischer Instinkt führte ihn, der inzwischen Anhänger von überallher gesammelt hatte, zu den Politikern in Bayern, die mit der neuen, zentralistischen Reichsverfassung von 1919 unzufrieden waren.

Im Bayern jener Jahre war man nämlich auf Berlin besonders schlecht zu sprechen, und zwar nicht nur gewohnheitsmäßig. Man hatte gewichtige aktuelle politische Bedenken: Die Weimarer Verfassung vom 11. August

1919 hatte die eigenstaatlichen Kompetenzen Bayerns in einem Maße beschnitten wie keine Verfassung zuvor: „Reichsrecht bricht Landrecht" hieß es ausdrücklich in ihrem Artikel 13. Dazu kam, daß die Reichsregierung in die Hände der „Linken" geraten war und betont marxistisch-sozialistisch dachte und handelte. Sie mußte daher erst recht in einen spannungsgeladenen Gegensatz zu den überwiegend konservativen Kreisen südlich des Mains geraten.

In dieser Abneigung gegen das „rote" und „linke" Berlin waren sich Monarchisten, Klerikale, Bauernbündler, die Beamtenschaft und die arbeitslos gewordenen Soldaten einig. Führende Männer dieser deutsch-nationalen und zugleich bayerisch-föderalistischen Haltung waren der bayerische Ministerpräsident, Gustav Ritter von Kahr, der Chef der Landespolizei, Oberst Hans Ritter von Seißer, und der Landeskommandant der Reichswehr in Bayern, Generalleutnant Otto von Lossow. Sie führten viele Besprechungen darüber, was man gegen Berlin unternehmen könnte. Freilich wollten sie dabei auf dem Boden der Verfassung bleiben und vor allem keine Gewalt anwenden. Zu ihren konspirativen Unterredungen hatte dieses sogenannte Triumvirat Kahr – Lossow – Seißer auch Adolf Hitler hinzugezogen, der keine politischen Qualitäten oder Erfahrungen aufweisen konnte, aber als nationalistischer Propagandist eine beachtliche Schar von kampfbereiten Anhängern gesammelt hatte. Das Triumvirat hatte sich dabei das Versprechen des ihnen zunächst völlig unbekannten Hitler geben lassen, daß er keinen Putsch unternehme, und Hitler hatte dazu dem bayerischen Innenminister Franz Schweyer ausdrücklich und feierlich versichert: „Herr Minister, ich gebe Ihnen mein Ehrenwort, ich werde nie in meinem Leben einen Putsch machen."[2]

Dieses Ehrenwort hat Hitler schon nach wenigen Tagen gebrochen, und mit diesem Wortbruch beginnt das Abenteuer Hitlers, der sich selbst immer wieder einmal einsichtsvoll als „Vabanquespieler" charakterisierte.

Genaugenommen begann dieses Abenteuer am 8. November 1923, genau fünf Jahre, nachdem Ludwig III. den bayerischen Thron verlassen und Kurt Eisner den „Freistaat Bayern" ausgerufen hatte.

Am Abend dieses Tages hatte Kahr, der wenige Wochen vorher, am 26. September, durch Ministerratsbeschluß zum „Generalstaatskommissar für den Freistaat Bayern" ernannt worden war,[3] im überfüllten Münchner Bürgerbräukeller (oberhalb des rechten Isarufers auf der Höhe der Ludwigsbrücke) vor hochmögenden Gästen aus Politik und Gesellschaft gerade begonnen, eine groß angekündigte Rede über die Richtlinien seiner Amtsführung und seine Stellung zum Marxismus vom sorgfältig vorbereiteten Manuskript abzulesen. Da stürmte der damals 34jährige Adolf Hitler, begleitet von einem bewaffneten Stoßtrupp, durch den Saal zum Podium und verschaffte sich mit einem Pistolenschuß in die Decke Ruhe. Er hatte für sein Vorhaben einen feierlichen Cut angelegt und sich von seinem Leibwächter dazu in der Garderobe das Eiserne Kreuz Erster Klasse anstecken lassen. Versammlungsteilnehmer berichteten später, Hitler habe wie eine Mischung aus Oberkellner und Charly Chaplin gewirkt.

Ohne lange Einleitung proklamierte der Eindringling mit schnarrender Kommandostimme eine „provisorische Nationalregierung" unter seiner Führung und mit dem damals hochangesehenen Weltkriegsgeneral Erich Ludendorff als Kriegsminister. Die bayerische Regierung, die Reichsregierung und den Reichspräsidenten erklärte er für abgesetzt.

Kahr, Lossow und Seißer werden von Hitler mit der Pistole erpreßt

Oberst von Seißer, Generalleutnant von Lossow und Generalstaatskommissar von Kahr hatte Hitler ins Nebenzimmer gedrängt und mit einer Pistole zur Zustimmung ge-

Abb. 1: Gustav Ritter von Kahr (1862 bis 1934), Bayerischer Ministerpräsident (1920 bis 1921) und Generalstaatskommissar des Freistaates Bayern (1923 bis 1924). Am 30. Juni 1934 haben ihn Hitlers KZ-Schergen zu Tode geprügelt.

zwungen. Eine beschämende Szene, wie sie sich in der ganzen bayerischen Geschichte kein zweites Mal findet: Die Repräsentanten des Staates lassen sich von einem aus dem Dunkel aufgetauchten Propagandisten die Staatsgewalt entwinden.

Wie ging es dabei im einzelnen zu? Die Staatsanwaltschaft hat diesen Überfall sorgfältig ermittelt und in ihrer 42 Schreibmaschinenseiten umfassenden ausführlichen Anklageschrift vom 8. Januar 1924 folgendermaßen festgehalten:[4]

„Hitler rief gleich nach dem Betreten des Nebenzimmers: ‚Niemand verläßt lebend das Zimmer ohne meine Erlaubnis!' Sodann wandte er sich an Herrn von Kahr mit etwa folgenden Worten: ‚Die Reichsregierung ist gebildet, die bayerische Regierung ist abgesetzt, Bayern ist das Sprungbrett für die Reichsregierung, in Bayern muß ein Landesverweser sein. Pöhner wird Ministerpräsident mit diktatorischen Vollmachten, Sie werden Landesverweser. Reichsregierung: Hitler, Nationalarmee: Ludendorff, Seißer Polizeiminister.'

Hitler fuhr sodann mit der Pistole fuchtelnd fort: ‚Ich weiß, daß den Herren das schwerfällt. Der Schritt muß aber gemacht werden, man muß es den Herren erleichtern, den Absprung zu finden. Jeder hat den Platz einzunehmen, auf den er gestellt wird; tut er das nicht, so hat er keine Daseinsberechtigung. Sie müssen mit mir kämpfen, mit mir siegen oder mit mir sterben. Wenn die Sache schiefgeht: Vier Schuß habe ich in meiner Pistole, drei für meine Mitarbeiter, wenn sie mich verlassen, die letzte Kugel für mich.' Dabei machte er eine Bewegung mit der Pistole gegen seinen Kopf.

Kahr sagte hierauf zu Hitler: ‚Sie können mich festnehmen, können mich totschießen lassen, Sie können mich selber totschießen. Sterben oder Nichtsterben ist bedeutungslos.' Hitler wandte sich sodann an Oberst von Seißer, der ihm vorwarf, daß er sein Versprechen, keinen Putsch zu machen, nicht gehalten habe. Hitler erwiderte: ‚Ja, das habe ich getan, aber im Interesse des Vaterlandes. Verzeihen Sie mir!'

Auf die Frage Lossows: ‚Wie steht Ludendorff zur Sache?' entgegnete Hitler: ‚Ludendorff ist bereitgestellt und wird gleich geholt werden.'

Die ganze Szene mag etwa 10 Minuten gedauert haben. Während dieser Zeit ließen Hitler und seine Begleiter durch ihr Verhalten deutlich erkennen, daß sie entschlossen waren, ihren Willen auch mit Waffengewalt durchzusetzen. Die Herren Kahr, Lossow und Seißer wurden verhindert, miteinander zu sprechen; irgendeine zustimmende Erklärung erhielt Hitler in dieser Zeit von keinem der Herren."

Sodann verließ Hitler das Nebenzimmer, ließ aber einen bewaffneten Wächter zurück. Im Saal hielt er dann eine zweite Ansprache; sie lautete nach den Ermittlungen der Staatsanwaltschaft folgendermaßen:

„Das Kabinett Knilling ist abgesetzt. Eine bayerische Regierung wird gebildet aus einem Landesverweser und einem mit diktatorischen Vollmachten ausgestatteten Ministerpräsidenten. Ich schlage als Landesverweser vor Herrn von Kahr, als Ministerpräsidenten Pöhner. Die Regierung der Novemberverbrecher in Berlin wird für abgesetzt erklärt. Ebert wird für abgesetzt erklärt. Eine neue deutsche nationale Regierung wird in Bayern hier in München heute noch ernannt. Es wird sofort gebildet: eine deutsche nationale Armee. Ich schlage daher vor, bis zum Ende der Abrechnung mit den Verbrechern, die heute Deutschland tief zugrunderichten, übernehme die Leitung der Politik der provisorischen nationalen Regierung ich. Exzellenz Ludendorff übernimmt die Leitung der deutschen nationalen Armee. General Lossow wird deutscher Reichswehrminister. Oberst von Seißer wird deutscher Reichspolizeiminister. Die Aufgabe der provisorischen deutschen nationalen Regierung ist, mit der ganzen Kraft dieses Landes und der herbeigezogenen Kraft aller deutschen Gaue den Vormarsch anzutreten in das Sündenbabel Berlin, das deutsche Volk zu retten."

Hitler ging wieder ins Nebenzimmer und bedrängte weiter die Herren Kahr, Lossow und Seißer. In der Anklageschrift heißt es dazu:

„Plötzlich hörte man das Kommando: ‚Achtung! Stillgestanden!' sowie Heil-Rufe, und Ludendorff betrat in bürgerlicher Kleidung das Zimmer ... Ludendorff trat im Nebenzimmer sofort auf die Herren Kahr, Lossow und Seißer zu und erklärte ...: ‚Meine Herren, ich bin ebenso überrascht wie Sie. Aber der Schritt ist getan, es handelt sich um das Vaterland und die große nationale völkische Sache, und ich kann Ihnen nur raten, gehen Sie mit uns, tun Sie das gleiche!' ...
Es setzte nun von Hitler, Ludendorff und Dr. Weber ein dringendes Zureden ein. Dabei brachte Hitler wiederholt zum Ausdruck, daß es jetzt kein Zurück mehr gebe.

Schließlich erklärten Lossow und Seißer ihre Zustimmung. Kahr erklärte erst nach längerer Zeit: ‚Ich bin bereit, die Leitung der Geschicke Bayerns als Statthalter der Monarchie zu übernehmen.' Hitler drängte darauf, diese Erklärung im Saal abzugeben. Kahr sträubte sich dagegen, gab aber dem fortgesetzten Drängen Hitlers schließlich nach. Hitler ging hierauf mit Kahr, Lossow, Seißer, Ludendorff und Pöhner (der kurz nach Ludendorff eingetroffen war. d. V.) in den großen Saal zurück; dort verkündete er die Neubildung der Regierung und die Bereitwilligkeit der erschienenen Herren, die ihnen angebotenen Ämter anzunehmen...

General Ludendorff erklärte: ‚Ergriffen von der Größe des Augenblicks und überrascht stelle ich mich kraft eigenen Rechtes der deutschen Nationalregierung zur Verfügung. Es wird mein Bestreben sein, der alten schwarz-weiß-roten Kokarde die Ehre wiederzugeben, die ihr die Revolution genommen hat. Es geht heute um das Ganze.'"

Die Erklärungen der Herren von Kahr, von Lossow und von Seißer lauteten ausweislich der Anklageschrift „etwa" folgendermaßen:

Kahr: „In des Vaterlandes schwerster Not übernehme ich die Leitung der Geschicke Bayerns als Statthalter der Monarchie, die vor fünf Jahren von frevelnden Händen zerschlagen worden ist. Ich tue das schweren Herzens und, wie ich hoffe, zum Segen unserer lieben bayerischen Heimat und unseres großen deutschen Vaterlandes."

Lossow: „Ich wünsche, daß die Aufgabe, eine Armee zu organisieren, die den Aufgaben gewachsen ist, die hier eben festgestellt worden sind, gelingen werde, und daß diese Armee unsere Flagge schwarz-weiß-rot überall mit Stolz tragen wird."

Seißer: „Ich will versuchen, die mir zugewiesene Aufgabe zu erfüllen, im ganzen Reiche eine einheitliche Polizei zu schaffen, die jederzeit bereit ist, die Ruhe im Innern aufrechtzuerhalten, unter der Flagge schwarz-weiß-rot."

Das Ende dieser erpresserischen Szene schildert die Staatsanwaltschaft folgendermaßen:

„Hitler bat die Herren Kahr, Lossow und Seißer erneut um Verzeihung wegen seines Vorgehens mit der Begründung, die Not des Vaterlandes habe diesen Schritt notwendig gemacht."

Proklamation
an das deutsche Volk!

Die Regierung der Novemberverbrecher in Berlin ist heute
für abgesetzt erklärt worden.

Eine provisorische deutsche
National-Regierung
ist gebildet worden.

Diese besteht aus

General Ludendorff, Adolf Hitler

General von Lossow, Oberst von Seisser

Abb. 2: Die „Revolution" war von langer Hand vorbereitet. Die Proklamationsplakate waren ohne Datum bereitgelegt und in der Nacht zum 9. November 1923 von den Hitler-Leuten in ganz München angeschlagen worden.

Geiselnahme und Verschleppung von Regierungsmitgliedern

Die Anklageschrift des Staatsanwalts fährt dann fort:

„Noch während sich die ersten Vorgänge im Nebenzimmer abspielten, waren der Ministerpräsident Exzellenz Dr. von Knilling, die Staatsminister Gürtner, Dr. Schweyer und Wutzlhofer, ferner Polizeipräsident Mantel, Regierungsrat Bernreuther und Graf Soden aus dem Saale weggeführt und zunächst durch Bewaffnete in einem Raum des oberen Stockwerks im Bürgerbräukeller festgehalten worden. Die Festgenommenen wurden später unter starker Bedeckung in die Villa des Verlagsbuchhändlers Lehmann an der Holzkirchner Straße gebracht und konnten erst am Abend des nächsten Tages befreit werden.

Die Herren von Kahr, von Lossow und von Seißer waren nur scheinbar auf die Forderungen Hitlers und seiner Anhänger eingegangen, um ihre Bewegungsfreiheit wiederzugewinnen. Sobald sie konnten, verließen sie – etwa um 10 Uhr 30 Minuten abends – den Bürgerbräukeller und trafen ungesäumt die notwendigen Maßnahmen zur Niederschlagung des Putsches."

Kultusminister Matts Aufruf zum Widerstand

Diese „notwendigen Maßnahmen" waren vielfältig. Das erste war, daß es dem Triumvirat gelang, in der Kaserne des 19. Infanterieregiments am Oberwiesenfeld die Regierungsgewalt wieder in die Hand zu bekommen, sofort die Truppen und die Landespolizei zu mobilisieren und Verstärkungen aus den Standorten der Umgebung heranzuziehen. Es wurde auch noch im Lauf der Nacht für Aufklärung nach außen gesorgt und ein Funktelegramm folgenden Inhalts auf den Weg gebracht:

„An alle deutschen Funkstationen: Generalstaatskommissar von Kahr, General von Lossow und Oberst von Seißer lehnen den Hitler-Putsch ab. Die mit Waffengewalt erpreßte Stellungnahme im Bürgerbräuhaus ungültig ..."

Kultusminister Franz Matt als stellvertretender Ministerpräsident und der Staatsminister für soziale Fürsorge Heinrich Oswald, die nicht an der Bürgerbräukellerversammlung teilgenommen hatten und auch nicht verschleppt worden waren, reagierten am schnellsten und mit unmißverständlicher Entschiedenheit. Sie erließen als Exilregierung von Regensburg aus noch in der Nacht einen von Matt unterzeichneten Aufruf, der allerdings erst nach mehreren Stunden allgemein verbreitet werden konnte.

Der Text dieses Aufrufes:

„Durch einen Hitler-Ludendorff-Putsch wurde die verfassungsmäßige Regierung für abgesetzt erklärt.

Die verfassungsmäßige Regierung besteht weiter. Sie fordert die gesamte Beamtenschaft, Polizei und das bayerische Kontingent der Reichswehr auf, ihrer verfassungsmäßigen Regierung treu zu bleiben und den Revolutionären den Dienst zu versagen.

Wer dem entgegen handelt, wird als Hochverräter behandelt.

Die Regierung erwartet, daß das bayerische Volk in Stadt und Land dem Preußen Ludendorff und seinem Anhang, der es unternommen hat, unser bayerisches und deutsches Vaterland in namenloses Unglück zu führen, die Gefolgschaft versagen wird.
München, den 9. November 1923
Das verfassungsmäßige Gesamtministerium
Matt"

2. Der 9. November 1923

Hitler erkannte noch im Laufe der Nacht, daß das Triumvirat Kahr – Lossow – Seißer nicht mitmachte. Er gab aber nicht auf und machte den Bürgerbräukeller zu seinem „Hauptquartier".

Wie es dabei zuging, läßt die Rechnung ahnen, die der Bürgerbräukeller-Wirt Korbinian Reindl am 16. November 1923 an die „Deutsche Arbeiter Partei" richtete: Für Bier, Brote, Kaffee usw. waren noch 11 347 000 Mark zu zahlen. „Für Herrn Hittler" waren eigens notiert: „Ein Glühwein, zwei Eier, eine Portion Tee, zwei Brote und ein Leberkäs". Außerdem verlangte der Wirt Ersatz für den „Bruch" von 143 Maßkrügen, 80 Gläsern, 98 Stühlen und zwei Musikständern, dazu Ersatz für 148 „Paar" verschwundene

Bestecke. Der „Ausschuß zur Feststellung von Entschädigungen für Aufruhrschäden für den Regierungsbezirk Oberbayern", an den sich der Wirt dann gewandt hatte, lehnte am 10. Mai 1924 die Entschädigung ab, weil der Wirt „nach Auskunft des Finanzamtes und des zuständigen Bezirksinspektors in so günstigen Vermögensverhältnissen (Kraftwagenbesitzer, Rennstallteilhaber etc.)" lebe, „daß durch einen Schaden in der angegebenen Höhe sein wirtschaftliches Bestehen nicht entfernt als gefährdet gelten" könne.[5]

Während der Morgenstunden des 9. November kam Hitler ins Wehrkreiskommando an der Schönfeldstraße, um seine dort unter dem Kommando Röhms und Ludendorffs wartenden Anhänger zum Weitermachen aufzufordern. Auf Vorschlag Ludendorffs wurde dann der „Marsch zur Feldherrnhalle" beschlossen. Hitler versprach sich davon eine Propagandawirkung, die die breiten Massen erfassen und der „Revolution" doch noch zum Sieg verhelfen würde.

Entwaffnung der Polizei, Bankraub, „Haussuchung",
Geiselnahme

Die schwerbewaffneten Teilnehmer dieses „Propagandazuges" machten sich daher noch am Vormittag des 9. November auf den Weg. Dabei nahmen sie zunächst die Polizisten fest, die ihnen an der Ludwigsbrücke entgegentraten, dann ließ Hitler bei der „Buchdruckerei und Verlagsanstalt Gebrüder Parcus" am Promenadeplatz und bei der „Druckerei Mühlthaler" in der Dachauer Straße 15 durch 32 bewaffnete SA-Männer sämtliche Reichsbanknoten (14 605 Billionen Mark in 20 Kisten) „beschlagnahmen" und gleich an seine Leute verteilen. Das entsprach damals, in den letzten Tagen der Inflation, einem Wert von 28 000 Goldmark. Jeder, der irgendwie mitgemacht hatte, bekam 2 Billionen Mark, das entsprach 3,17 US-Dollar. Anschließend zerstörten die Putschisten die Einrichtung der SPD-

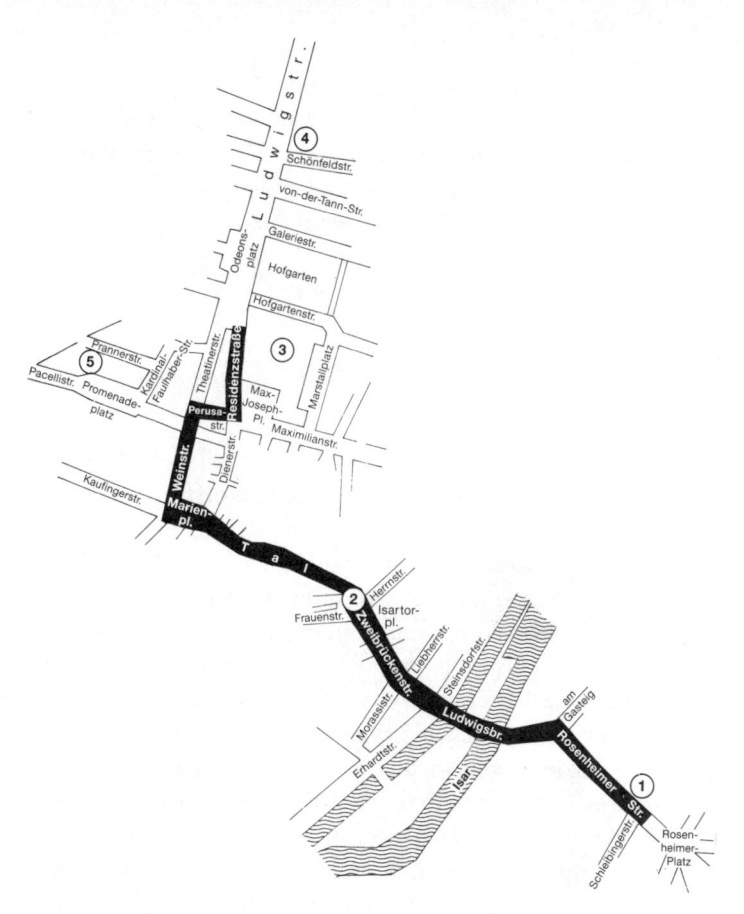

Abb. 3: Der Aufmarschplan der Hitler-Putschisten vom 9. November 1923
1. Abmarsch vom „Hauptquartier" Hitlers im Bürgerbräukeller
2. Nach der Entwaffnung der Polizei an der Ludwigsbrücke erreichte der Zug das Isartor
3. Vor der Residenz hielt die Landespolizei den Putschistenzug auf, wobei die Putschisten vier Polizisten töteten
4. Das Kriegsministerium in der Schönfeldstraße wurde in der Nacht zum 9. November 1923 von den Putschisten unter Anführung Ernst Röhms besetzt; er erwartete dort die von Hitler und Ludendorff angeführten Putschisten
5. Die Notendruckerei Parcus, die noch vor dem „Marsch zur Feldherrnhalle" am Morgen des 9. November 1923 von 32 Putschisten auf Befehl Hitlers ausgeraubt wurde

Zeitung „Münchener Post" und veranstalteten eine gewaltsame „Haussuchung" in der Wohnung des Vizepräsidenten des Landtags, Erhard Auer. Den Ersten Bürgermeister Eduard Schmid (SPD) und einige sozialdemokratische Stadträte ließ Hitler als „Geiseln" zum Bürgerbräukeller bringen. Außerdem „verhaftete" man eine Reihe jüdischer Mitbürger (siehe Bild Seite 88).

Die Putschisten erschießen vor der Feldherrnhalle vier Polizisten

Gegen Mittag marschierten Hitler und seine Kampfverbände, über 2000 Mann, unter Ludendorffs Anführung über den Marienplatz durch die Weinstraße, Perusastraße zur Residenzstraße in Richtung Feldherrnhalle (siehe Plan Seite 23), um sich im Wehrkreiskommando, dem ehemaligen bayerischen Kriegsministerium an der Ecke Ludwigstraße/Schönfeldstraße, mit Ernst Röhm zu treffen. Als sich ihnen die Landespolizei vor der Residenz, auf der die Regierung inzwischen die weiß-blaue Fahne hatte hissen lassen, in den Weg stellte und sie mit quergehaltenen Gewehrkolben zurückdrängen wollte, erschossen sie vier Polizisten: den Polizeihauptmann Rudolf Schraut, den Oberwachtmeister Friedrich Fink und die Unterwachtmeister Max Schoberth und Nikolaus Hollweg. Einer der Schützen war der 19jährige Student Walther Hewel, der auch eine Fahne des Putschistenzuges getragen hatte. Er gestand später, auf die Landespolizei geschossen zu haben, behauptete aber, diese habe zuerst geschossen.[6]

Ob der erste Schuß wirklich von der Landespolizei oder doch von den Putschisten abgegeben wurde, konnte nie geklärt werden. Es gibt für jede der beiden Behauptungen Augenzeugen. Die Frage kann dahingestellt bleiben, denn die Putschisten hatten kein Recht zu schießen, auch nicht als Entgegnung auf ein etwaiges Feuer von seiten der Polizei. Ihr Marsch war ja ein rechtswidriger Angriff auf die

Regierung. Und was speziell die vier getöteten Polizisten anlangt: Niemand hat je behauptet, daß einer von ihnen einen Schuß abgegeben habe.

Von dieser mörderischen Szene berichtet Polizeioberleutnant Michel Freiherr von Godin, der stellvertretende Hundertschaftsführer an seine vorgesetzte Behörde am 10. November 1923:[7]

„Am 9. November 1923 wurde die Stationsverstärkung Mitte 2 ungefähr um 12.30 Uhr nachm. in der Theatinerstraße in der Höhe des Kühbogens zur Abwehr einer aus Richtung Weinstraße anmarschierenden Hitlertruppe eingesetzt. Die Stationsverstärkung Mitte 2 war eben zur Linie aufmarschiert, als in der Residenzstraße ein wüstes Gebrüll und Geschrei einsetzte. Gleichzeitig winkten etliche Landespolizeiwachtmeister aus Richtung Feldherrnhalle – Theatinerkirche um Unterstützung für Residenzstraße. Ich eilte hierauf mit meinem Zug in die Theatinerstraße zurück, um die Feldherrnhalle herum und erkannte, daß der Gegenstoß der Hitlertruppen, die mit Kriegsmaterial jeglicher Art ausgerüstet waren, durch die Postierungen in der Residenzstraße glänzend gelungen war. Ich trat hierauf mit dem Befehl: ‚Zweite Stationsverstärkung Marsch! Marsch!‘ zum Gegenstoß gegen den gelungenen Durchbruch der Hitlertruppen an.

Beim Einbruch in den Gegner wurden wir mit gefälltem Bajonett und entsichertem Gewehr und vorgehaltenen Pistolen empfangen. Einzelne meiner Leute wurden angepackt und ihnen die entsicherte Pistole auf die Brust gesetzt. Meine Leute arbeiteten mit Kolben und Gummiknüppeln. Ich persönlich hatte zu meiner Verteidigung, um nicht frühzeitig von meiner Pistole Gebrauch machen zu müssen, einen Karabiner genommen, parierte damit zwei mir vorgehaltene Bajonette und rannte die Betreffenden mit quer vorgehaltenem Karabiner über den Haufen. Plötzlich gab ein Hitlermann, der einen Schritt halblinks vor mir stand, einen Pistolenschuß auf meinen Kopf ab. Der Schuß ging an meinem Kopf vorbei und tötete einen hinter mir stehenden Wachtmeister meiner Stationsverstärkung. Wie sich später herausstellte, den Unterwachtmeister Hollweg Nikolaus."

Die Landespolizei erwidert am Odeonsplatz das Feuer

Godins Bericht fährt fort:

„Noch bevor es mir möglich gewesen war, einen Befehl zu geben, gaben meine Leute Feuer, was die Wirkung einer Salve auslöste. Zu gleicher Zeit nahmen die Hitlertruppen das Feuer auf, und es entspann sich etwa 20 bis 25 Sekunden ein regelrechter Feuerkampf. Aus dem Preysingpalais und aus dem Haus der Konditorei Rottenhöfer wurden wir von den Hitlertruppen mit starkem Feuer überschüttet. Gegen diesen Gegner nahm Zug Demmelmeyer von Mitte 5 den Feuerkampf auf. In dem Moment der Feuerabgabe ... sprangen drei Mann derselben auf die Feldherrnhalle hinauf und nahmen das Feuer auf einen hinter dem Löwen am Kapellentor der Residenz in knieendem Anschlag feuernden Hitlerschützen auf.

In einer Zeitspanne von höchstens 30 Sekunden ergriffen die Hitlertruppen die regellose Flucht."

Fünfzehn tote Putschisten, Hitler flieht

Das blutige Ende dieses „Propagandazuges": 13 Putschisten fanden vor der Feldherrnhalle und 2 weitere vor dem Wehrkreiskommando an der Schönfeldstraße den Tod. Der Oberkellner Karl Kuhn, der, unbewaffnet und in Zivil, gerade an der Südseite der Residenz auf dem Heimweg war, kam dabei ebenfalls ums Leben. Die verwundeten Putschisten, denen der aus der nahen Michaelskirche herbeigeeilte „Münchner Männerapostel" Rupert Mayer SJ beistehen wollte, lehnten jede Betreuung durch den Pater ab.

Nach der „Machtübernahme" 1933 ließ Hitler auf der Ostseite der Feldherrnhalle ein Mahnmal mit den Namen der sechzehn Opfer seines mißglückten Putsches errichten (siehe Bild S. 30) Dieses „Mahnmal" war sozusagen das erste Kriegerdenkmal für die durch Hitlers abenteuerliche Politik in den Tod Getriebenen.

Die Passanten mußten beim Vorbeigehen durch Ausstrecken des rechten Armes den Hitler-Gruß erweisen,

Abb. 4: Polizeihauptmann Rudolf Schraut, einer der vier Polizisten, die von den Hitler-Putschisten vor der Feldherrnhalle beim Putsch am 9. November 1923 erschossen worden sind. Schraut hatte erst wenige Monate vorher, am 11. Juni 1923, geheiratet.

wenn sie nicht von der gegenüberliegenden SS-Wache Unannehmlichkeiten erleben wollten. Viele bogen daher unmittelbar an der Südseite der Feldherrnhalle in die Viscardigasse („Drückebergergäßchen") ein.

Zurück zu den Ereignissen des 9. November:

General Ludendorff, der, unbewaffnet und in Zivil, an der Spitze des Zuges marschierte, hatte sich, für einen alten Soldaten eine beinahe automatische Reaktion, zu Boden geworfen, erhob sich aber sofort und ging aufrecht durch die Kampflinien. Er hatte Glück und wurde nicht getroffen, sondern am Odeonsplatz vom Polizeileutnant Demmelmeyer festgenommen. Die anderen Putschisten warfen sich auf den Boden oder gingen in Deckung.

Hitler hatte sich bei diesen Auseinandersetzungen vor der Münchner Residenz den linken Arm luxiert. Er war, in der Hand die schußbereite Pistole, untergehakt mit den Putschisten neben ihm, in der vordersten Reihe marschiert und von dem links neben ihm gehenden Scheubner-Richter mitgerissen worden, als dieser tödlich getroffen zu Boden stürzte. Am Abend vorher hatte Hitler im Nebenzimmer des Bürgerbräukellers dem Triumvirat Kahr – Lossow – Seißer noch versprochen: „Wenn ich nicht bis morgen nachmittag Sieger bin, bin ich ein toter Mann." Nun floh er, 30 Sekunden nachdem die Polizei das Abwehrfeuer begonnen hatte, und versteckte sich in Uffing am Staffelsee, südlich von München, in der Villa Ernst Hanfstaengls, der an der Seite Hitlers am Abend vorher an der Bierkeller-Revolution ebenfalls teilgenommen hatte, inzwischen aber nach Österreich geflohen war.

Unter den toten Putschisten befand sich auch ein Mitglied des höchsten bayerischen Gerichts: Oberlandesgerichtsrat Theodor von der Pfordten (siehe Bild 13 S. 131).

In der Tasche von der Pfordtens fand man den vollständig ausformulierten Text einer neuen Verfassung. Darin wird unter anderem gefordert: Aufhebung der Weimarer Verfassung, Auflösung der Parlamente, Todesstrafe für jeden, der weiter an einem Parlament teilnimmt, Dienstenthebung der jüdischen Beamten, Einführung von Standgerichten mit der Befugnis, Todesstrafen zu verhängen.⁸

Man hätte nun erwarten dürfen, daß die Regierung sich, wenn auch angesichts der Majestät des Todes in würdiger Form, aber immerhin irgendwie, von dem hochverräterischen Verhalten von der Pfordtens distanziere. Das öffentliche Verhalten eines Richters hat ja immer auch Rückwirkungen auf das Vertrauen des Volkes zur Justiz.

Statt dessen brachte die Bayerische Staatszeitung einen höchst ehrenvollen Nachruf auf den Hochverräter, der in der amtlichen „Chronik der Bayerischen Justizverwaltung" nachgelesen werden kann. Man höre:

„Mit dem Rat am Obersten Landesgerichte Theodor von der Pfordten, der bei den Ereignissen des 9. November einem tödlichen Schusse zum Opfer fiel, ist dem bayerischen Staatsdienst und der bayerischen Richterschaft einer der Besten entrissen worden. Die Rechtspflege und die Rechtsentwicklung nicht bloß in Bayern, sondern in ganz Deutschland, haben an ihm einen Führer verloren ...
Ein geistig und sittlich auf beherrschender Höhe stehender Mann, war von der Pfordten alles eher als ein trockener Begriffsjurist; er hatte sein Wirken dem wahren Rechte geweiht, um dessen Erfassung und Durchsetzung er sich zeitlebens bemühte ...
Neben seinen streng wissenschaftlichen Werken, die ihm ein großes und berechtigtes Ansehen bei Theoretikern und Praktikern, in der Justiz wie in der Verwaltung verschafften, zog es den mit einer umfassenden Bildung ausgestatteten und vielseitig interessierten Mann auch zur Behandlung allgemeiner, namentlich ethischer und philosophischer Probleme ... Besonders segensreich wirkte von der Pfordten als Mitglied der Juristischen Staatsprüfungskommission bei der Heranbildung der jungen Juristen ...
Von der Pfordten war ein echter deutscher Mann, voll glühender Liebe zum Vaterland. Er stand als Offizier im Weltkrieg an der Front, bis ihn eine schwere Verwundung zum Felddienst unfähig machte. Nach der staatlichen Umwälzung stellte er seine ganze Persönlichkeit in den Dienst der sittlichen Wiedererneuerung des deutschen Volkes ... Nun hat er in lauterer Hingabe an das Vaterland den Tod gefunden ... Wenn irgendeines Mannes,

Abb. 5: Nach der „Machtübernahme" ließ Hitler an der Ostseite der Feldherrnhalle in München das sogenannte Mahnmal für die beim Hitler-Putsch am 9. November 1923 ums Leben Gekommenen errichten.

Text der oberen Tafel:
„Am 9. Nov. 1923 fielen vor der Feldherrnhalle, sowie im Hof des Kriegsministeriums folgende Männer im treuen Glauben an die Wiederauferstehung ihres Volkes:
F(elix) Allfarth, A(ndreas) Bauriedl, Th(eodor) Casella, W(ilhelm) Ehrlich, M(artin) Faust, A(nton) Hechenberger, O(skar) Körner, K(arl) Kuhn, K(arl) Laforce, K(urt) Neubauer, Cl(aus) v. Pape, Th(eodor) v. d. Pfordten, J(ohann) Rickmers, M(ax) E(rwin) v. Scheubner-Richter, L(orenz) v. Stransky, W(ilhelm) Wolf"

Der Text der unteren Tafel nennt die von den Hitler-Putschisten erschossenen Landespolizeibeamten:
„... und von der Landespolizei Rudolf Schraut, Friedrich Fink, Nikolaus Hollweg, Max Schoberth".

so ist Theodor von der Pfordtens Wesen und Los der Trauer und Ehrfurcht der Fortlebenden wert." (Original in der Bibliothek des Bayerischen Justizministeriums, Eintrag vom 14.11.1923, Reg. Nr. Q6/426)

Mit dem amtlichen Nachruf auf den Putschisten von der Pfordten begann die perverse Reaktion der Justiz auf Hitlers mörderisches Unternehmen, die ihre Fortsetzung in der schier unbegreiflichen Milde des sich anschließenden Gerichtsverfahrens fand. Man hatte das alte und von der Geschichte immer wieder bestätigte Sprichwort vergessen: „Ein milder Richter macht sich zum Gehilfen des Verbrechers."

II. Der Hitler-Prozeß

1. Der 11. November 1923. Die Gefangennahme

Zwei Tage nach seinem Abenteuer an der Feldherrnhalle wurde Hitler entdeckt.

Wie er aufgespürt wurde, schildert Polizeioberleutnant Rudolf Belleville, der nach zweistündigem Suchen die Festnahme persönlich durchführte. Sie ist dem national gesinnten Beamten nicht leicht gefallen. Belleville war im Ersten Weltkrieg Beobachter im Kampfflugzeug von Rudolf Heß und einst enger Freund und Mitarbeiter Hitlers gewesen.

Unter Bezugnahme auf die dienstliche Meldung Bellevilles gab das Präsidium der Regierung von Oberbayern am 13. November 1923 an das Generalstaatskommissariat folgenden Bericht:[9]

Polizeioberleutnant Belleville entdeckt Hitler und bringt ihn in die Haftanstalt Landsberg

„Das Kommando des Abschnitts IV der Landpolizei München in Weilheim erhielt am Sonntag, dem 11. November nachmittag 4.20 Uhr, den telefonischen Befehl, in der Villa Hanfstaengl in Uffing am Staffelsee Adolf Hitler festzunehmen ... Der Führer der Landpolizei Weilheim, Polizeioberleutnant Belleville, war bereits 10 Minuten vor dem Abfahrtbefehl angewiesen worden, einen Lastkraftwagen sicherzustellen und denselben mit Landpolizei und verfügbarer Gendarmerie besetzt fahrbereit zu halten ...

Die Sicherstellung des Lkws machte wegen des Sonntagnachmittags Schwierigkeiten, noch größere aber die Gewinnung eines Chauffeurs. Schließlich gelang es, in dem Chauffeur des ‚Bräuwastl', einem Sozialdemokraten, einen Lenker zu gewinnen ...

Unterwegs fragte der Kraftwagenführer mehrmals, wohin die Fahrt gehe, und erklärte schließlich: ‚Sie werden doch nicht gar den Hitler fangen!' Der Chauffeur wußte nämlich, daß sich Hitler häufig in dieser Gegend aufhalte ...

Die Aufstellung der Landpolizei in dem kleinen Dorf hatte sogleich einen Menschenauflauf zur Folge, sodaß sich Oberleutnant Belleville entschloß, das Haus der Frau Hofrat Hanfstaengl (in 20 Minuten Entfernung vom Ort) sofort zu umstellen. Am halben Wege wurde der Gendarm von Uffing ins Bild gesetzt und gab sofort den Rat, doch eher in der Villa des Sohnes Hanfstaengl im Ort selbst nachzusehen. Sofort wurden zwei Beamte in Zivil an den beiden gegenüber liegenden Hausecken der Villa im Orte aufgestellt, während Oberleutnant Belleville zunächst der Villa der Frau Hofrat zustrebte. Dort angekommen, wurde erst auf mehrmaliges Klopfen geöffnet; es war bereits dunkel. Frau Hofrat erklärte Oberleutnant Belleville auf seine Mitteilung hin, im Hause Hitler verhaften zu müssen, daß ihm das ganze Haus zur Durchsuchung zur Verfügung stehe. Anderthalb Stunden wurden umsonst alle Räume und Nebenräume abgesucht, während der Durchsuchung aber ertönte plötzlich das Telefon, und Oberleutnant Belleville kam noch gerade recht, um dem Dienstmädchen nach den Worten ‚Bei uns ist die Polizei' das Hörrohr aus der Hand zu nehmen und zu erfahren, daß aus dem anderen Hause der Familie Hanfstaengl angerufen worden war. Frau Hofrat erklärte, sie wisse auch nicht, wo ihr Sohn sei, er sei vor dem Putsch nach München gefahren; es sei ihr unbekannt, wo er sich befände. Oberleutnant Belleville fragte am Telefon sofort die Schwiegertochter Hanfstaengl, wo ihr Mann sei. Sie gab die Auskunft, daß er nicht da sei. Auf die Frage, wann Hitler das letztemal dort gewesen sei, sagte sie, am Sonntag. Oberleutnant Belleville sah von der Frage, ob er sich in ihrem Hause befinde, ab.

Inzwischen bemerkten die beiden Posten am Hause des Sohnes im ganzen Hause eine große Unruhe, ständiges Hin- und Hergehen, Lichtauf- und -abdrehen etc. Das Kommando eilte sofort dorthin; auf Klopfen wurde nach einiger Zeit aufgemacht. Oberleutnant Belleville trat eine Dame entgegen. Nach Vorstellung seinerseits fragte die Dame, ob Oberleutnant Belleville der Führer sei. Auf die Bejahung hin sagte sie: ‚Darf ich Sie vielleicht bitten, erst einen Augenblick allein zu mir hereinzukommen.' Oberleutnant Belleville konnte wohl der Meinung sein, in eine böse Falle zu geraten, kam aber der Aufforderung nach. Das Kommando wartete vor dem Hause. Frau Hanfstaengl führte Oberleutnant Belleville wortlos vor eine Zimmertüre, blieb dann einen Augenblick stehen, Oberleutnant Belleville mit einem langen Blick ansehend, machte dann auf und sagte: ‚Bitte.'

Im Zimmer stand in weißem Schlafanzuge Hitler, den Arm in einer Binde ... Hitler starrte ihn ganz geistesabwesend an. Auf die Ankündigung, daß er gekommen sei, ihn zu verhaften, streckte Hitler ihm die Hand entgegen und erklärte, ihm zur Verfügung zu stehen. Er bat nur, ihn vor Anpöbelung zu schützen.

Hitler hatte sich die Schulter luxiert. Er war am Odeonsplatz durch Scheubner-Richter oder von der Pfordten zu Boden gerissen worden und dabei an dem Gewehr eines anderen hängengeblieben, so daß er sich den Arm im Schultergelenk umdrehte...

Mit Hilfe der Frau Hanfstaengl und des Oberleutnants Belleville wurde Hitler angekleidet und ihm auf seinen Wunsch das EK I angeheftet. Das Kommando räumte die Straße von Neugierigen, und nach schwerem Abschied bestieg er den Lkw. Im Hause waren nur Frau Hanfstaengl und zwei Dienstmädchen anwesend.

In rascher Fahrt eilte das Kommando nach Weilheim zurück. Gleich darauf fuhren vor dem Hause zwei Autos... aus Richtung Murnau vor und setzten die Fahrt in Richtung Weilheim fort. Allem Anschein nach handelte es sich um eine Befreiungsaktion.

Bei der Ankunft in Weilheim wußte bereits alles, daß Hitler verhaftet wurde. Während der (muß wohl heißen „nach einer", d. V.) kurzen Anwesenheit auf dem Bezirksamt – es mußte... erst der Schutzhaftbefehl geschrieben werden und ein Pkw bereitgestellt werden – fuhr Oberleutnant Belleville mit Hitler nach Landsberg, wo Hitler um 10.45 Uhr abgeliefert wurde."

In dem Bericht des Regierungspräsidenten heißt es dann weiter:

„In Weilheim hatten sich besonders Juden angesammelt, um sich das Schauspiel anzusehen. Oberleutnant Belleville ließ sie verächtlich beiseite schaffen.

In Landsberg halten ein Offizier, sechs Unteroffiziere und 32 Mann der Artillerie-Abteilung Wache. Arco mußte wegen Hitler sein Zimmer räumen.

Hitler glaubt, daß er erschossen werde. Seine erste Frage galt Ludendorff. Auf die Mitteilung, daß er lebe und nach Verhaftung wieder entlassen sei, sagte er: ‚Man verlangt also von diesem Manne, daß er Deutschland zu Grunde gehen läßt!'"

Der Anstaltspsychologe Ott redet Hitler Hungerstreik und Selbstmord aus

Bei der Vorbereitung dieser Dokumentation konnte ich (am 27. Oktober 1988) noch einen unmittelbaren Zeitzeugen sprechen, den 98jährigen Anstalts-Oberlehrer und Anstalts-Psychologen Alois Maria Ott in Söcking am Starnberger See. Er erzählte mir bereitwillig und ausführlich seine Begegnung mit Hitler; diese bisher unbekannte Szene spielte sich demnach folgendermaßen ab:

Hitler trat in Landsberg in den Hungerstreik. Ott besuchte ihn am 19. November 1923 im Spitalzimmer 7 des Gefängnisses, in dem die künstliche Ernährung beginnen sollte. Hitler war völlig demoralisiert, der Tod seiner Genossen an der Feldherrnhalle drückte ihn sichtlich: „Ich habe genug, ich bin fertig, wenn ich einen Revolver hätte, würde ich ihn nehmen." Ott gelang es aber in einem mehrstündigen Gespräch, Hitler zu beruhigen und zum Abbruch des Hungerstreiks zu überreden. Für den so unversehens zum Zeitzeugen gewordenen Gefängnisbeamten Ott war diese Begegnung eine persönliche und zugleich weltpolitische Schicksalsstunde.

2. Der 13. Dezember 1923. Der II. Staatsanwalt Hans Ehard vernimmt den Häftling Hitler

Eine ungewöhnliche Rolle hat das Schicksal dem damaligen II. Staatsanwalt und nach 1945 zweimal zum bayerischen Ministerpräsidenten gewählten Hans Ehard zugeteilt.

Ehard war nach dem Putsch sofort zur Stelle und vernahm noch am Nachmittag des 9. November von 5 Uhr bis 10.20 Uhr abends Ludendorff. In einem 13seitigen Protokoll hat er festgehalten, was der Feldherr über die Vorgänge am Abend des 8. November und am Mittag des 9. November zu sagen hatte. Die Äußerungen Ludendorffs decken sich im großen und ganzen mit den späteren Ermittlungen. Nur ein Satz entspricht offensichtlich nicht den Tatsachen: „Ich trat insbesondere dafür ein, daß während des Zuges nicht geschossen werden dürfe ..."

Dem disziplinierten, ausgezeichneten Juristen Ehard aus Bamberg gelang es auch, den zunächst verstockten Häftling Hitler zu einer ausführlichen Äußerung über die Vorgänge vom 8. und 9. November 1923 zu bringen. Im Prozeß selbst war Ehard dann zeitweilig Vertreter des die Anklage führenden Ersten Staatsanwalts Stenglein.

Als ich Ende 1938 zur Referendarausbildung dem 5. Zivilsenat des Oberlandesgerichts München zugeteilt wurde, hatte ich mich bei dem damaligen Präsidenten dieses Senates, Hans Ehard, vorzustellen. Dabei habe ich etwas vorlaut die Sprache auf den Hitler-Prozeß gebracht und die für damalige Verhältnisse höchst erstaunliche Charakteristik Hitlers und der übrigen Angeklagten aus dem Munde Ehards zu hören bekommen: „Ja wissen Sie, Herr Kollege, mit solchen Leuten kann man nicht reden." Ich wagte natürlich nicht, die naheliegende weiterführende Frage zu stellen: „Sondern ...?" Vielleicht meinte auch Ehard, was ich mir im stillen dachte: daß man solche „Leute" mindestens viele Jahre hätte ins Zuchthaus schikken müssen. Ich habe dieses damals außerordentlich gefährliche Wort Ehards natürlich für mich behalten.

Die Nazis wußten, wie die inzwischen aufgefundenen vertraulichen Berichte ausweisen, daß Ehard kein „überzeugter Nationalsozialist" war, sie hielten ihn aber für einen korrekten und daher ungefährlichen Staatsdiener. Hitler hat, wie mir Hans Ehard nach dem Krieg erzählte, Verständnis dafür gezeigt, daß Ehard bei jener Vernehmung in Landsberg „nur seine Pflicht getan" habe. Gönnerlaune eines Tyrannen: Ehard blieb im Dritten Reich, von den Nazis unbehelligt, Präsident des 5. Zivilsenates beim Oberlandesgericht München, auch nach dem mißglückten Attentat der Offiziere vom 20. Juli 1944, als viele potentielle Staatsfeinde inhaftiert wurden.

Hitler bricht sein Schweigen

Das Protokoll der Vernehmung Hitlers durch Ehard vom 13. Dezember 1923 gestattet bereits einen tiefen Einblick in die Vorstellungswelt Hitlers. Ehard berichtet seiner vorgesetzten Justizbehörde:[10]

„Hitler weigerte sich beharrlich, irgendwelche Aussagen zu Protokoll zu geben, er müsse jedes Wort ganz genau abwägen und lasse sich nicht ‚hereinlegen'. ...

Er erklärte, er sage nichts, was sein Tun in ein falsches Licht stellen könne, er sage nichts, was irgendeinen seiner Mitkämpfer belasten könne, er gebe keine Auskunft über die Vorbereitungen und Vorbesprechungen zu dem Putsch. Er weigerte sich auch, über ganz offenkundige Vorgänge, wie z. B. sein Auftreten im Bürgerbräukeller, etwas zu Protokoll zu geben, ja er verweigerte sogar alle Angaben über seine Jugendjahre und seinen Entwicklungsgang mit der Begründung, er sei kein Verbrecher, er lasse sich nicht wie einen Verbrecher ausfragen, er werde nicht die Hand dazu bieten, daß man einen ‚Kanzleibericht' über sein Leben verfasse, der ihm vielleicht später einmal ‚anhängen' könne ...

Auf Vorstellung, daß es doch in seinem eigenen Interesse liege auszusagen, nachdem er jetzt genug Zeit zur Überlegung gehabt habe, und auf die Mitteilung, daß auch alle übrigen verhafteten Personen die Aussage nicht verweigern, daß er außerdem durch seine Weigerung die Untersuchungshaft für sich und seine Kampfgenossen unnötig verlängere: Bei ihm sei das etwas anderes, bei ihm stehe mehr auf dem Spiel wie bei den anderen, bei ihm handle es sich darum, sein Tun und seine Sendung vor der Geschichte zu rechtfertigen; was das Gericht für eine Stellung einnehme, sei ihm gleichgültig, er spreche dem Gericht jede Befugnis ab, über ihn ein Urteil abzugeben ...

Er werde seine besten Trümpfe überhaupt erst im Gerichtssaal selbst ausspielen, er werde ‚zahllose' Zeugen zum Beweis aller seiner Behauptungen beibringen, die wichtigsten seiner Zeugen aber werde man erst bei der Verhandlung erfahren; denn sonst würde man ihnen doch nur den Prozeß machen oder sie in Schutzhaft nehmen ...

Ich gab den Versuch einer geregelten Einvernahme auf, ließ die bereitgestellte Schreibmaschine wegbringen und unterhielt mich nun mit Hitler allein am Vormittag und Nachmittag, im ganzen reichlich fünf Stunden lang. Bleistift und Papier durfte ich dabei nicht sehen lassen. Anfänglich außerordentlich mißtrauisch, äußerlich aber immer anständig und ruhig, ging Hitler doch im Laufe der Zeit etwas aus sich heraus, wenn er auch stets sehr vorsichtig und in allen entscheidenden Punkten immer äußerst zurückhaltend blieb; er meinte einmal, wenn er spreche, dann finde er das rechte Wort, niederschreiben könne er das aber nicht so, und wenn es ein anderer diktiere, was er sage, so sei das eben auch nichts. Er war nicht dazu zu bringen, auf eine klare unzweideutige Frage eine klare, einfache und kurze Antwort zu geben. Mit großer Zähigkeit hält er endlose politische Vorträge, durch mehrfache Zwischenfragen und Eingehen auf seine politischen Darlegungen läßt sich doch manches von ihm erfahren, was für den Prozeß von Bedeutung ist.

Hitler leidet unter seiner Armverletzung, die ihm seit einiger Zeit wieder ziemliche Beschwerden verursacht. Er kann den linken Arm nicht ohne Schmerzen bewegen, kann deshalb nach seiner Angabe auch nur schwer schreiben, weil es ihm Schmerzen bereitet, mit der linken Hand das Papier zu halten. Nach dem Zusammenbruch seiner Unternehmung sei er zunächst ganz teilnahmslos gewesen, dann habe er getobt und jetzt habe er seinen ‚Schopenhauer' und damit seine philosophische Ruhe wieder, er habe aber auch seine Spannkraft wiedergewonnen, und nun werde er sich ‚zäh wie eine Wildkatze' seiner Haut wehren und seinen Feinden das Leben sauer machen."

„Kein Hochverrat"

Der wichtigste Punkt war natürlich der Hochverrat. Hierzu brachte Hitler mit erstaunlicher Präzision schon alle Argumente seiner späteren Verteidigung in der mehrwöchigen Hauptverhandlung im Frühjahr 1924. Ein Beispiel der oft unterschätzten Intelligenz Hitlers.

In dem Bericht Ehards heißt es dazu:

„Hitler erklärte, er verbitte sich, als Verbrecher betrachtet zu werden, er habe keinen Hochverrat begangen.
Der objektive Tatbestand sei nicht gegeben, denn:
1. Das Verbrechen vom November 1918 sei noch ungesühnt, die heutige sogenannte Verfassung beruhe auf diesem Verbrechen, habe deshalb keinerlei Rechtsgültigkeit, sei auch durch die nachfolgenden Wahlen usw. nicht legalisiert worden; denn über die Tatsache des Hochverrats vom November 1918 selbst habe niemals eine Abstimmung stattgefunden; die Frage, wie sich das deutsche Volk zu diesem Hochverrat stelle, sei deshalb heute noch offen."

Dieses Argument erinnert nach Wortwahl und Inhalt an die seinerzeit aufsehenerregende Festansprache Kardinal Faulhabers anläßlich des Katholikentages auf dem Münchener Königsplatz am 27. August 1922, also nur ein gutes Jahr vor dem Putsch. Der bischöfliche Redner nannte dabei die Revolution von 1918 „Meineid und Hochverrat". Davon wird noch zu reden sein.

Demgegenüber sind als historische Tatsachen festzuhalten: Am 9. November 1918 hatte Reichskanzler Max von Baden unter dem Druck der Massen die Abdankung Kaiser Wilhelms II. verkündet. Tags darauf war der Monarch nach Holland geflohen. Die Wahrnehmung der Geschäfte des Reichskanzlers hatte Max von Baden dem SPD-Vorsitzenden Friedrich Ebert übergeben. Der „Rat der Volksbeauftragten" stellte sich als die vom Volk beauftragte neue Regierung vor. Am 19. Januar 1919 wählte das deutsche Volk in freier Abstimmung die „Nationalversammlung". Diese beschloß am 11. August 1919 die Reichsverfassung („Weimarer Verfassung"). Am 6. Juni 1920 fanden aufgrund dieser neuen Verfassung Reichstagswahlen statt, und am 25. Juni 1920 wurde die vom Parlament gewählte Regierung gebildet.

An der Legitimität und völkerrechtlichen Verbindlichkeit der Weimarer Verfassung konnte im Jahr 1923 also nicht mehr der geringste Zweifel bestehen. Die Behauptung Hitlers, die neue „sogenannte" Verfassung sei durch „nachfolgende Wahlen" nicht legalisiert worden, ist daher ganz offensichtlich unrichtig.

Ehards Hitler-Protokoll fährt dann fort:

„2. Wenn man aber annehmen wolle, die Verfassung sei rechtsverbindlich, dann müsse man die Verfassung eben so hinnehmen wie sie ist und dürfe sie nicht ‚auslegen' und zurechtbiegen oder gar offenkundig durchbrechen und beiseiteschieben, wie das von Regierungsseite selbst wiederholt geschehen sei. Im Laufe der Unterhaltung erwähnte er zwei Beispiele, die nach seiner Auffassung einen ‚offiziellen Verfassungsbruch' bedeuten, nämlich:
a) Schon die Vorgänge beim Sturz des Ministeriums Hoffmann

seien Hochverrat gewesen. Damals hätte sich nur Oberst von Epp, der jetzige General, nicht zur Tat aufraffen können. Epp sei nach dem Kapp-Putsch[11] von seinen eigenen Leuten zum Handeln gedrängt worden, freilich vergeblich. Schließlich sei Leutnant Östreicher mit zehn Mann zum Ministerium gezogen und habe den Rücktritt des Ministeriums Hoffmann und das Ausscheiden der sozialistischen Mitglieder aus dem Kabinett erzwungen.[12] Pöhner habe ihm schon seit längerer Zeit eine Reihe von Material hierzu beschafft.

b) Verfassungsbruch sei auch gewesen die Art, wie das Generalstaatskommissariat zustandegekommen sei. Eine Reihe von Kräften hätten Kahr immer wieder gedrängt, sich mit ihrer Unterstützung zum Diktator zu machen. Kahr sei hierzu auch bereit gewesen und hätte das auch noch getan; er habe aber verlangt, daß man vorher versuche, die Sache auf legalem Weg zu machen. ...

3. Die Weimarer Verfassung sei ein Unding; sie entspreche nicht dem Willen des deutschen Volkes, sie durch Mehrheitsbeschluß in vernünftiger Weise zu ändern, sei ausgeschlossen; denn diese Mehrheit werde nie zustandekommen. Es gebe aber neben dem formellen Recht noch ein natürliches Recht des Volkes, das höher stehe wie die Verfassung, das Recht der Notwehr oder des Notstandes, das eine Nation berechtige, ihr Verhängnis auch gegen den Willen eines unfähigen Parlaments abzuschütteln."[13]

Kahr, Lossow und Seißer hätten „mitgemacht"

„Den subjektiven Tatbestand des Hochverrats bestreitet Hitler etwa mit folgender Begründung:

1. Bei ‚seinem' Hochverrat vom 8. November 1923 hätten die Herren Kahr, Lossow, Seißer tatsächlich mitgemacht. Sie seien innerlich bei der Sache gestanden und erst später umgestimmt worden. Wenn man nun anerkenne, daß der Novemberverrat vom Jahre 1918 durch die folgenden Ereignisse tatsächlich sanktioniert und legalisiert worden sei, so müsse man wohl auch zugeben, daß sein „Hochverrat" durch das Hinzutreten der Herren Kahr, Lossow, Seißer als der Repräsentanten der legalen staatlichen Machtmittel ebenfalls sanktioniert und legalisiert worden sei. Ob diese Sanktionierung jahrelang gedauert habe wie beim Novemberverrat 1918 oder nur fünf Stunden wie in seinem Falle, sei rechtlich gleichgültig. Daß die Herren Kahr, Lossow, Seißer nicht nur scheinbar auf seine Vorschläge im Bürgerbräukeller eingegangen seien, sondern ernstlich die Absicht gehabt hätten, die besprochene Vereinbarung in die Tat umzusetzen, werde er

beweisen; er werde insbesondere beweisen, daß die Herren nach dem Verlassen des Bürgerbräukellers durch Überredung, zum Teil aber auch durch Zwang von außen, umgestimmt worden seien. Nicht er habe die Herren gezwungen mitzutun, sondern die Herren seien gegen ihre Überzeugung dazu gebracht worden, nachher ihr gegebenes Wort zu brechen und umzufallen. Er habe das vorausgesehen und habe eben deshalb nach der Versammlung im Bürgerbräukeller den Befehl gegeben, daß Kahr, Lossow und Seißer den Keller nicht verlassen dürften, daß sie vielmehr unbedingt festgehalten werden müßten und daß man sie unter keinen Umständen allein in eine nicht gereinigte Umgebung lassen dürfe.

Leider habe er sich dazu verleiten lassen, gleich nach der Freigabe der Bürgerbräukellerversammlung etwa 40 Minuten lang wegzusein. Er habe nämlich zwar gewußt, daß Reichswehr und Landespolizei bestimmt auf seiner Seite stünden, habe aber sogleich befürchtet, daß gewisse höhere Offiziere und eine Reihe ‚demokratisch gesinnter Offiziere bei I./19 (Infanterieregiment 19)‘ ihm Schwierigkeiten bereiten würden.

Er sei sofort im Bild gewesen und sei zum Bürgerbräukeller zurück mit der Absicht, hier ganz energisch aufzuräumen, habe aber bei seiner Rückkehr im Bürgerbräukeller zu seinem Entsetzen wahrgenommen, daß Kahr, Lossow und Seißer allein weggefahren seien. Er selbst hätte das niemals zugelassen, nur der großen Vertrauensseligkeit Ludendorffs, seinem grenzenlosen Vertrauen auf ein gegebenes Offizierswort, sei es zuzuschreiben, daß er die Herren nicht festgehalten hätte. Er habe in diesem Augenblick sofort das Gefühl gehabt, jetzt sei die Sache verloren.

2. Kahr, Lossow, Seißer hätten aber nicht nur am 8. November 1923 tatsächlich, wenn auch nur einige Stunden lang, mitgetan, sie hätten auch alles, was im Bürgerbräukeller am Abend des 8. November vereinbart worden sei, monatelang mit ihm zusammen vorbereitet.

Über den ‚Marsch nach Berlin‘ von Bayern aus habe man gemeinsam seit langem gesprochen, es sei alles bis ins kleinste beredet worden, es habe vollkommene Einigkeit geherrscht, grundsätzlich hätten Kahr, Lossow und Seißer ganz genau dasselbe gewollt und vorbereitet wie er. In den Anmerkungen des Generalstaatskommissariats zu der bekannten Veröffentlichung seines Verteidigers, des Rechtsanwalts Roder,[14] gebe der Generalstaatskommissar zum ersten Male in aller Öffentlichkeit zu, daß er mit ihm und seinen Freunden über diesen Marsch nach Berlin verhandelt hätte. Dieses Zugeständnis sei sehr wertvoll.

Wenn Kahr, Lossow und Seißer den Marsch nach Berlin nicht mitbeschlossen hätten und ihn wirklich nicht hätten mitmachen wollen, dann hätten sie als Träger der Staatsgewalt die Verpflichtung gehabt, den ‚gefährlichen Hitler' festzusetzen. Sie hätten sich nicht auf irgendein angebliches Versprechen Hitlers verlassen, sie hätten nicht die Anhänger Hitlers militärisch ausbilden, mit Waffen versehen dürfen, sie hätten vielmehr mit allen Mitteln gegen diese angeblich drohende Gefahr einschreiten müssen. Dadurch, daß sie das nicht getan hätten, hätten sie sich allein schon eines Hochverrats schuldig gemacht.

Hitler stellt in Aussicht, daß er die ganze Frage der ‚geheimen Mobilmachung' aufrollen werde ...

Über die Frage, warum Hitler gerade am 8. November 1923 losgeschlagen habe, warum er gerade in dieser Form vorgegangen sei:

1. Die Leute des Kampfbundes hätten gedrängt, sie hätten sich nicht mehr halten lassen; man habe ihnen so lange eine Aktion in Aussicht gestellt und sie so lange ausgebildet, daß sie schließlich auch etwas wirklich Greifbares hätten sehen wollen. Es sei zu befürchten gewesen, daß plötzlich irgendeine Gruppe (nicht Nationalsozialisten, wie Hitler ausdrücklich hervorhebt!) auf eigene Faust eine Aktion unternehmen werde (z. B. einmal ein paar Dutzend Juden heraushole und aufhänge!). Dem hätte vorgebeugt werden müssen.

2. Es sei auch kein Geld mehr dagewesen, die Leute seien unzufrieden geworden, es hätte die Gefahr bestanden, daß der Kampfbund auseinanderfalle.

3. Von der Besprechung am 6. November 1923 im Generalstaatskommissariat habe er selbstverständlich genau Kenntnis gehabt. Er habe die Warnungen des Generalstaatskommissars aber nicht auf den Kampfbund bezogen, sondern vielmehr auf das Verhalten der Brigade Ehrhardt ...

4. Schließlich habe man auch die Persönlichkeiten Kahrs und Lossows gekannt. Man habe gewußt, daß Kahr immer der Spielball seiner Umgebung sei und sich nicht zu einem Entschluß aufraffen könne, man habe ferner gewußt, daß auch Lossow ein ewiger Zauderer sei, der, wie fast jeder höhere Offizier, nicht dazukommen könne, einen Entschluß zu fassen, man habe aber auch gewußt, daß die Herren sofort freudig mittun würden, wenn man ihnen den Entschluß abnehme und ihnen ‚den Absprung' erleichtern würde ...

5. Der Zeitpunkt sei – abgesehen von der günstigen Gelegenheit, die der Abend des 8. November 1923 gebracht habe – zum Handeln selten gut gewesen, und zwar innenpolitisch und außenpolitisch ..."

Volksgericht in München oder Staatsgerichtshof in Leipzig?

Die Vernehmung Hitlers durch Ehard endet folgendermaßen:

„Frage: Wollen Sie etwa die Zuständigkeit des bayerischen Volksgerichts bestreiten? Wäre Ihnen vielleicht der Staatsgerichtshof zum Schutze der Republik als aburteilendes Gericht lieber?
 Antwort: Ich bin grundsätzlich Gegner des Staatsgerichtshofs zum Schutze der Republik, ich habe dieses Parteigericht immer aus grundsätzlichen Erwägungen bekämpft. Ich bin grundsätzlich für die bayerischen Volksgerichte. In meinem jetzt gegebenen Falle aber halte ich das Volksgericht zur Aburteilung für ungeeignet, für befangen und für vollkommen unobjektiv. Ich halte den Staatsgerichtshof in diesem Falle für viel objektiver. Ich bin insbesondere davon überzeugt, daß das bayerische Volksgericht nicht den Mut finden wird, die notwendige Folgerung aus dem Verhandlungsergebnis zu ziehen, daß aber der Staatsgerichtshof nicht davor zurückschrecken würde, das zu tun. In Leipzig würden verschiedene Herren den Gerichtssaal vielleicht noch als Zeugen betreten, verlassen würden sie ihn sicher als Gefangene. In München geschieht das natürlich nicht."

Ehard wurde dann mit den weiteren Ermittlungen betraut, und er war es auch, der die 42 Seiten umfassende Anklageschrift verfaßte, die der Erste Staatsanwalt Stenglein am 8. Januar 1924 unterschrieb, beim Vorsitzenden des Volksgerichts München I einreichte und damit den Hitler-Prozeß in Gang brachte.

Vor der Schilderung und Analysierung des Prozesses sind zum besseren Verständnis vielleicht einige Vorbemerkungen hilfreich.

3. Die allgemeine politische Stimmung

Prozeß und Urteil des Volksgerichts vom 1. April 1924 gegen den 34jährigen „ledigen Schriftsteller Adolf Hitler" sind ein eindrucksvolles Beispiel dafür, daß vom Staat angestellte und vom Staat bezahlte Richter sehr viel stärker, als sie selbst es glauben, von der politischen Stimmung, sozusagen von der politischen Großwetterlage ihrer Umgebung, abhängen. Wirklich unabhängige, nur an der absoluten göttlichen Gerechtigkeit orientierte Richter gibt es nicht.

Die wichtigsten Strömungen in dieser politischen Großwetterlage haben wir schon bei Beginn der propagandistischen Tätigkeit Hitlers kennengelernt: Den verlorenen Weltkrieg, den unsinnigen Versailler Friedens-„Vertrag", die Besetzung des Ruhrgebiets durch französische Divisionen, die Wegnahme Oberschlesiens, die Inflation, die weite Kreise in größte wirtschaftliche Bedrängnis führte, die Sehnsucht des vom König verlassenen Volkes nach einem „starken Mann".

Drei repräsentative Persönlichkeiten des damaligen Bayerns verdeutlichen dieses Klima:

Zunächst *Michael Kardinal Faulhaber:* Er ist, wenn es um die Verteidigung des Glaubens ging, dem nationalsozialistischen Ungeist und Rassenwahn kompromißlos und entschieden entgegengetreten. Viele seiner Predigten zeugen davon, zum Beispiel seine Ansprache „Flammenzeichen rauchen" am 4. Juli 1937 in der Michaelskirche in München zur Verteidigung des vom Sondergericht verhafteten (und anschließend zu Gefängnis verurteilten) Paters Rupert Mayer. Wenige Monate vorher hatte der Kardinal in Rom den vom Papst ziemlich wörtlich übernommenen Text der Enzyklika „Mit brennender Sorge" verfaßt, die er dann als weltweiten päpstlichen Protest persönlich am Palmsonntag 1937 von der Kanzel seines Domes verlas. Diese Abrechnung mit nationalsozialistischen Wortbrüchen und Irrlehren hat in der ganzen Welt Beachtung erfahren.

Was freilich die Beurteilung der politischen Lage nach dem Ersten Weltkrieg anlangt, so wird man dem im In- und Ausland hochgeachteten Kirchenfürsten nicht mit derselben Zustimmung folgen können:

Nachdem König Ludwig III. den Thron der Wittelsbacher am 7. November 1918 verlassen hatte, war der mit Kriegsorden hochdekorierte königlich bayerische Feldpropst und seit 1917 zum Erzbischof von München und Freising berufene und als solcher zum Mitglied des „Reichsrates der Krone Bayern" erkorene Kirchenmann eine Art monarchisches Überbleibsel geworden, ein erratischer Block aus dem so kraftlos dahingesunkenen dynastischen Zeitalter. Er fand nicht mehr den Anschluß an die neue, demokratische Ordnung, in der es keine privilegierten Stände mehr gab. Faulhaber, den noch der König zum Bischof ernannt hatte, stellte sich öffentlich gegen die demokratische Verfassung des neuen Freistaates Bayern und die Weimarer Reichsverfassung. Gleich in seiner Silvesterpredigt von 1918 nannte er die neue Regierung unter dem jüdischen Sozialisten und Pazifisten aus Berlin Kurt Eisner eine „Regierung von Jehovas Zorn".[15] Und als etwa sechs Wochen nach dieser aufputschenden Predigt Eisner ermordet wurde, gestattete er für die Beisetzung des Ministerpräsidenten nicht das Läuten der Kirchenglocken.

Und noch drei Jahre später, als allgemeine Wahlen und die ausländischen Staaten die Weimarer Republik und ihre Regierungen längst gebilligt und anerkannt hatten, nannte der inzwischen zum Kardinal ernannte Münchner Erzbischof beim Deutschen Katholikentag am 27. August 1922 auf dem Königsplatz in München in seiner Festansprache vor aller Welt die Revolution (von 1918) „Meineid und Hochverrat" und „erblich belastet und mit dem Kainsmal gezeichnet". Konrad Adenauer hat als Präsident des Katholikentages dem Kardinal damals deutlich öffentlich widersprochen. Faulhaber bedauerte seine so massenwirksame Formulierung aber keineswegs, sondern veranlaßte vielmehr in Rom, daß der aufmüpfige Adenauer den sonst für Katholikentagspräsidenten üblichen päpstlichen Orden nicht bekam.[16]

Aus einer weltanschaulich ganz anderen Ecke, nämlich aus der antiklerikalen, gesellte sich auch *Ludwig Thoma*, der wortmächtige Verfasser bayerischer Romane und erfolgreicher Theaterstücke, zu den Verächtern der Weimarer Republik. Schlagwortkräftig polemisierte er 1920 und bis kurz vor seinem Tod im August 1921 in etwa 170 Artikeln des Miesbacher Anzeigers gegen das „Affenwerk von Weimar", gegen die „charakterlose Deppokratie" und verlangte nach der „Hinrichtung" (!) Kurt Eisners, daß auch den übrigen „galizischen Rotzlöffeln" die „Ohrwaschl aus der Fassung" gezogen würden.[17] Der Vorstand der Tegernseer Nazi-Ortsgruppe richtete daher an Thoma eine persönliche Einladung, der Nazi-Partei beizutreten. Der frühe Tod Thomas verhinderte eine Antwort auf diese bemerkenswerte Offerte.

Noch ein drittes Beispiel aus der politischen Großwetterlage jener Jahre, eines aus der populistischen Unterhaltungsszene, die aber in der Geschichte immer schon ein Barometer für die politische Stimmung der Masse war: Der Bänkelsänger *Weiß Ferdl*. Er hatte während der Wochen des spektakulären Hitler-Prozesses ein Couplet in sein Programm aufgenommen, das die trösten sollte, die über die militärische Niederlage des Deutschen Reiches traurig waren. Sein Refrain lautete: „Michel, brauchst dich nicht zu schämen!" Für die vor Gericht stehenden NS-Putschisten fügte er in den aufregenden Märztagen 1924, als der Schlagzeilen liefernde Prozeß gegen Hitler in vollem Gang war, eine Strophe an, die von den Zuhörern jeweils mit dröhnendem Beifall quittiert wurde:

> „Deutsche Männer stehen heute
> vor den Schranken des Gerichts,
> mutig sie die Tat bekennen,
> zu verschweigen gibt's da nichts!
> Sagt, was haben die verbrochen?
> Soll es sein gar eine Schand,
> wenn aus Schmach und Not will retten
> man sein deutsches Vaterland?

> Wollt ihr denen, die dies wagten
> für der Heimat Schutz und Wehr,
> nun zum Dank dafür noch nehmen
> ihre Freiheit, ihre Ehr'?
> Michel, dann, dann müßtest du dich schämen!
> Laß dir solche Männer ja nicht nehmen,
> denn sie zeigen frei und unbeirrt
> dir den Weg, der dich zur Freiheit führt!"[18]

Die auf Publikumswirkung erpichten Angeklagten bedankten sich noch vor der Urteilsverkündung mit einem Lorbeerkranz, auf dessen schwarz-weiß-roter Schleife sie und ihre Verteidiger eigenhändig ihre Namen anbrachten. Die Schleifen hingen noch lange im Arbeitszimmer Weiß Ferdls, sie sind im Laufe des Krieges abhandengekommen. Souvenirsammler diesseits und jenseits des Ozeans würden heute ein Vermögen dafür zahlen.

In diesem schwarz-weiß-roten Dunst fanden also die Ermittlungen und der Prozeß gegen Hitler statt. Hitler nützte diese Plattform zu stundenlangen Reden, die von der Presse jeweils publiziert wurden. Er beleidigte dabei denkbar massiv die Männer der Reichsregierung, die er, vom Gericht ungerügt, immer wieder „Novemberverbrecher" nannte. Zwei Beispiele aus dem unwürdigen Dialog mit dem Vorsitzenden Neithardt:

Als einer der Angeklagten den Reichsadler immer wieder als „Pleitegeier" bezeichnete, meinte Neithardt schließlich milde lächelnd: „Ein technischer Ausdruck wird es wohl nicht sein."

Als ein andermal von Lossow als Zeuge schilderte, wie im Bürgerbräukeller die Hitler-Posten vor den Fenstern sofort ihre Gewehre in Anschlag gebracht hatten, meinte Neithardt dazu: „Ich kann mir auch denken, daß die Leute das aus Übermut, um die Herren zu schrecken, getan haben".

4. Das Urteil vom 1. April 1924

„Rechtsbeugung", also der Vorwurf, absichtlich ein von Recht und Gesetz abweichendes Urteil gefällt zu haben, geht Juristen nur schwer von der Zunge. Auch wenn sie ein Urteil für völlig verkehrt halten, schließen sie die Möglichkeit nicht aus, daß der Richter bloß schlampig war bei der Tatsachenfeststellung oder bei der Klärung von Rechtsproblemen geirrt hat. Gegen die Richter des in so vieler Hinsicht erstaunlich verfehlten Hochverrats-Urteils gegen Hitler vom 1. April 1924 muß der Vorwuf der Rechtsbeugung aber in aller Form erhoben werden.

Das Hitler-Urteil ist von der linken und auch von der bürgerlichen Presse als „Justizskandal" heftig kritisiert worden,[19] aber ausführlich kommentiert wurde es, soweit ich sehe, noch nie. Ich versuche, das hier nachzuholen. Dazu muß der Text des Urteils wörtlich wiedergegeben werden, allerdings nur, soweit er sich mit Hitler befaßt. Was die Richter über die anderen Hochverräter sagen, vor allem zu dem völlig verfehlten Freispruch Ludendorffs, kann hier leider nicht behandelt werden. Die Lektüre des Urteils erfordert vom Leser Geduld und Nachsicht, denn dieses Urteil ist außergewöhnlich umständlich formuliert, nicht leicht lesbar und keineswegs übersichtlich gegliedert. Es ist leider auch ein deutliches Beispiel für das miserable Deutsch geworden, das unseren Richtern immer wieder vorgehalten wird und das ganz wesentlich zur Rechtsfremdheit unserer Bürger beiträgt. Ebenso beklagenswert sind die kaum verständlichen Texte unserer neueren Gesetze aus Bonn.

Trotzdem muß das Hitler-Urteil hier abgedruckt werden, denn es löste wie kaum ein anderes außerordentliche, man muß schon sagen: weltweite Folgen aus.

Die zahlreichen schweren Fehler dieses Urteils hätten ohne Zweifel zu seiner Aufhebung geführt, wenn eine

Revision an das Reichsgericht möglich gewesen wäre. Gegen die Urteile der Volksgerichte gab es aber kein Rechtsmittel, sie wurden sofort rechtskräftig (Artikel 20 des Gesetzes über die Einsetzung von Volksgerichten bei inneren Unruhen vom 20. Juli 1919).

Welches sind nun die gröbsten Fehler dieses Urteils?

a) Die Fehler des Urteils

Unzuständigkeit

Zunächst: Der Jurist fragt vor jedem Prozeß: Welches Gericht ist zuständig? Nicht nur aus staatsrechtlicher Korrektheit gehen die Richter dieser Frage immer wieder sehr genau nach, sie wollen, und das ist ihnen nicht übelzunehmen, nur Fälle bearbeiten, die sie wirklich bearbeiten müssen.

In der Verordnung über die Errichtung der Volksgerichte war ausdrücklich vorgeschrieben: „Zunächst ist mit einfacher Mehrheit zu entscheiden, ob das Volksgericht zuständig ist." (§ 25).

Beim Hitler-Prozeß versagten die Richter schon bei dieser Vorfrage. Im Protokoll und im Urteil findet sich kein Wort zu dieser hier auch politisch hochbedeutsamen Frage.

Für das Hochverratsverbrechen Hitlers war eigentlich der beim Reichsgericht in Leipzig errichtete Staatsgerichtshof zum Schutze der Republik zuständig. Das bestimmt eindeutig Artikel 13 des Republikschutzgesetzes vom 21. Juli 1922.

Das Tätigwerden eines solchen der bayerischen Einflußnahme entzogenen Gerichts des Reiches wollte die bayerische Regierung von Anfang an verhindern. Daher erließ sie schon drei Tage nach Erlaß des Republikschutzgesetzes, nämlich am 24. Juli 1922, eine eigene (bayerische) „Verordnung zum Schutze der Verfassung der Republik" und bestimmte darin kurzerhand:

„An die Stelle des Reichsgesetzes zum Schutze der Republik vom 21. Juli 1922 treten für das rechtsrheinische Bayern bis auf weiteres folgende Vorschriften: ... Für ... Hochverrat ... sind die Volksgerichte zuständig."

Die bayerische Regierung berief sich dabei auf ihr in § 64 der Landesverfassung verankertes Notverordnungsrecht und außerdem auf den Notverordnungsartikel 48 der Weimarer Verfassung.

Diese bayerische Verordnung widersprach jedoch eindeutig zwei grundlegenden Artikeln der Reichsverfassung: „Reichsrecht bricht Landrecht" (Artikel 13) und „Ausnahmegerichte sind unstatthaft. Niemand darf seinem gesetzlichen Richter entzogen werden" (Artikel 105 Abs. 2).

Im Falle Hitler bestand die Regierung auf der Gültigkeit ihrer Zuständigkeits-Notverordnung. Man fürchtete mit Recht, daß Hitler in Leipzig sehr viel strenger bestraft würde als in Bayern. Schon wegen der Tötung von vier Polizisten am 9. November 1923 drohte Hitler die Todesstrafe, da er ja den mörderischen „Putsch" veranlaßt und geleitet und dafür ausdrücklich die Verantwortung übernommen hatte. Mit der Todesstrafe rechnete Hitler selbst schon unmittelbar nach seiner Verhaftung, wie Polizeioberleutnant Belleville, der die Verhaftung vornahm, in seinem dienstlichen Protokoll vom 13. November 1923 ausdrücklich festgehalten hat (siehe Seite 34)

Man weigerte sich in Bayern auch, den Haftbefehl, den der Ermittlungsrichter beim Staatsgerichtshof in Leipzig unmittelbar nach dem Hitler-Putsch gegen Hitler, Göring und Ludendorff erlassen hatte, zu vollziehen.[20]

Dazu kam noch eine besondere Befürchtung der bayerischen Regierung: Es war durchaus möglich, daß Kahr, Lossow und Seißer in Leipzig nicht nur als Zeugen aufzutreten hätten, sondern als Beschuldigte auf der Anklagebank landen könnten. Das hat Hitler bei seiner ausführlichen Vernehmung durch Hans Ehard bereits am 13. Dezember 1923 durchaus zutreffend dargelegt (siehe Seite 43).

Die Reichsregierung hätte die Hartnäckigkeit und Rechtsverweigerung Bayerns keineswegs hinzunehmen brauchen, sie hätte den Streit über die Gültigkeit der bayerischen Notverordnung vom Reichsgericht entscheiden lassen können (Artikel 13 Absatz 2 der Reichsverfassung); außerdem hätte der Reichspräsident oder der Reichstag die Aufhebung dieser bayerischen Verordnung beschließen können. Wie sollten solche Entscheidungen aber vollstreckt werden? Das wäre voraussichtlich nur mit militärischer Gewalt möglich gewesen. Daher trat man in umständliche und langwierige Verhandlungen mit den bayerischen Behörden ein, wobei sich vor allem der bayerische Justizminister Franz Gürtner sehr engagierte.

Zudem war schon am 11. August 1922, also ein Jahr vor dem Putsch, ein Kompromiß zustandegekommen: Bayern hebt die Verordnung vom 24. Juli 1922 auf, die Reichsregierung wird „in der Regel" die einschlägigen Fälle „an die örtlichen Behörden abgeben". Dieser Kompromiß fand eine halbwegs legale Grundlage in Artikel 13 Absatz 2 des Republikschutzgesetzes: „Der Staatsgerichtshof kann eine bei ihm anhängig gewordene Untersuchung auf Antrag des Oberreichsanwalts zum ordentlichen Verfahren verweisen."

Aber nur zum „ordentlichen Verfahren", nicht zu einem Verfahren vor einem Ausnahmegericht, wie es das Volksgericht war! Artikel 105 Absatz 2 der Weimarer Verfassung verbot Ausnahmegerichte.

Im Fall Hitler konnte ich einen solchen Verweisungsbeschluß des Staatsgerichtshofs nirgendwo finden. Auch das Volksgericht selbst nimmt in seinem Urteil nicht Bezug auf einen solchen Verweisungsbeschluß. Es geht auf die Frage der Zuständigkeit überhaupt nicht ein, obwohl, wie gesagt, schon § 25 der Verordnung über die Errichtung von Volksgerichten vom 19. November 1918 ausdrücklich verlangt, daß die Richter vor der Urteilsberatung „zunächst" darüber entscheiden müssen, ob das Volksgericht zuständig sei. Auch die Staatsanwaltschaft hat in ihrer Anklageschrift keine Ausführungen darüber gemacht, warum das Volksgericht München zuständig sein sollte.

Was das Gericht unberücksichtigt läßt

Ein zweiter Mangel des Hitler-Urteils: Jedes Urteil muß zunächst den vollständigen Sachverhalt „angeben" (§ 267 der Strafprozeßordnung). Im Hitler-Urteil fehlen indes wichtige Teile des Sachverhalts:

Über die vier Polizisten, die von den Hitler-Putschisten erschossen wurden, findet sich in dem Urteil kein Wort. Das mörderische Unternehmen der schwerbewaffneten Aufständischen wird lediglich einmal erwähnt, und zwar mit dem verharmlosenden Ausdruck „unglücklich verlaufener Propagandazug". Unglücklich für wen? möchte man hier fragen.

Der Banknotenraub bei der Firma Parcus wird im Urteil zur „Beschlagnahme der 14605 Billionen Papiermark" heruntergespielt, die „zur Unterstützung des Unternehmens erfolgt" sei.

Sodann: „Die Zerstörung der ‚Münchener Post' und die Geiselverhaftung schreibt dagegen das Gericht den Angeklagten nicht zu, da sie von diesen Unternehmungen erst zu einer Zeit in Kenntnis gesetzt wurden, wo eine Rückgängigmachung nicht mehr möglich war; insbesondere ist die Angabe Hitlers, er habe die Geiseln zu ihrer eigenen Sicherheit, weil sie sonst von der Volksmenge erschlagen worden wären, im Bürgerbräukeller zurückhalten lassen, wohl zutreffend." O sancta simplicitas!

Alle diese Delikte erfüllen einen eigenen Tatbestand, sie gehen nicht sozusagen im Verbrechen des Hochverrats auf. Das hätte das Volksgericht der ständigen Rechtsprechung des Reichsgerichts entnehmen müssen. Dort heißt es zum Beispiel in einem vergleichbaren anderen Hochverratsfall, den das Leipziger Gericht am 12. November 1923 entschieden hatte:[21]

„Ein Recht aufrührerischer Banden, Privateigentum für die Durchführung ihrer politischen Absichten zu ‚requirieren‘, besteht selbstverständlich nicht. Gegen widerrechtliche Angriffe ist das Privateigentum und die Privatperson auch im Kriege geschützt; sie sind als Plünderung strafbar. So wenig der Zweck der Kriegführung solche rechtswidrige Handlungen decken kann, so wenig kann der politische Zweck einer Staatsumwälzung als Deckmantel von Verbrechen gegen Privatpersonen dienen und sie als Teil eines politischen Unternehmens erscheinen lassen ... Das Ziel des Hochverrats ist die Erschütterung der öffentlichen Gewalt, die Änderung der Grundlagen des Staates und seiner Verfassung. Angriffshandlungen gegen die Person oder das Vermögen von Privatleuten können zwar geeignet sein, dieses Ziel zu fördern, indem sie entweder Widerstände beseitigen oder die Machtmittel der Aufrührer vermehren; sie gehen aber nicht in den gegen den Staat gerichteten Unternehmungen auf ..."

Kein Wort findet sich im Urteil weiter darüber, daß der an der Feldherrnhalle am 9. November tödlich getroffene Putschist Oberstlandesgerichtsrat von der Pfordten den vollständig ausformulierten Text einer neuen Verfassung in der Brieftasche hatte. Das wäre für die Feststellung der Absichten der Putschisten von entscheidender Bedeutung gewesen.

In diesem Verfassungsentwurf war nämlich (wir haben es auf Seite 28 f. schon zitiert) folgendes vorgesehen: Aufhebung der Weimarer Verfassung, Übergang der Staatsgewalt auf „Verweser", Auflösung der Parlamente, Todesstrafe für jeden, der weiter an einem Parlament teilnimmt, Dienstenthebung der jüdischen Beamten, Beschlagnahme des Vermögens der „Angehörigen des jüdischen Volkes", Beschränkung der Grundrechte, außerdem die Einführung von Standgerichten mit der Befugnis, die Todesstrafe zu verhängen.

Wieso „Mildernde Umstände"?

Besonders unverständlich ist sodann die Verhängung der Mindeststrafe von lediglich fünf Jahren Festungshaft (der

Staatsanwalt hatte acht Jahre beantragt) und die Zubilligung mildernder Umstände.

Daß die Zubilligung mildernder Umstände bis zur untersten Grenze des Strafmaßes (fünf Jahre Festungshaft) führte, war zunächst schon ein eklatanter Widerspruch zu den weiteren Feststellungen des Urteils, das in seinen letzten Absätzen ausdrücklich „gewichtige Straferschwerungsgründe" feststellt: „Die weitere Durchführung des Unternehmens hätte die Gefahr eines Bürgerkrieges heraufbeschworen, schwere Störungen des wirtschaftlichen Lebens des gesamten Volkes und vermutlich auch außenpolitische Verwicklungen herbeigeführt." Angesichts dessen durfte die Strafe nicht auf das niedrigstmögliche Maß festgesetzt werden.

In Wirklichkeit liegen gar keine mildernden Umstände vor. Diese sollten darin liegen, „daß die Angeklagten bei ihrem Tun von rein vaterländischem Geiste und dem edelsten selbstlosen Willen geleitet waren". Deutschland hatte zwar Grund, über allerhand ungerechte Behandlungen zu klagen (Seite 12). Dagegen durfte aber nur mit hier durchaus möglichen politischen Mitteln vorgegangen werden, nicht mit Umsturz und mit Waffengewalt gegen die eigenen Mitbürger.

Was ist „vaterländischer Geist"?

Zu dem „vom edelsten selbstlosen Willen geleiteten, rein vaterländischen Geist", wie die Richter hier vollmundig formulieren, muß einmal ein grundsätzliches und nüchternes Wort gesagt werden:

Dieser „vaterländische Geist" spielt hier und bei ähnlichen Gelegenheiten die Rolle, die in der Weltgeschichte auch andere hehre Begriffe zu spielen hatten. Die mittelalterliche Inquisition zum Beispiel und die Kreuzzugsunternehmungen mit dem Schlachtruf „Gott will es!" waren mit „Religion" etikettierte schwerste Menschenrechtsverletzungen. In der Französischen Revolution wurden Zehntausende von Bürgern Opfer der Parolen „Freiheit, Gleichheit, Brüderlichkeit". Und in den letzten Jahrzehnten waren es die weltanschaulichen Dogmen des „Sozialismus", was immer man darunter zu verschiedenen Zeiten in verschiedenen Ländern verstanden haben mag, die in Ost und West Gut und Blut von Millionen forderten. Immer wieder fand die Tyrannei ein wohlklingendes Wort für ihre mörderischen Brutalitäten. Im „Fall Hitler" war es der „vaterländische Geist".

Daß es übrigens auch Hitler selbst bei seinen pathetischen Phrasen mit der Sorge um die wirklichen Interessen des Vaterlandes nicht Ernst war, dafür seien nur zwei Beispiele genannt: Für das unter Verletzung des Rechts auf Selbstbestimmung nach 1918 von Italien annektierte Südtirol unternahm er nichts, er verriet die Südtiroler vielmehr an Mussolini. Und die Deutschen in den baltischen Ländern opferte er 1939 in seinem Pakt mit Stalin, den er vorher jahrzehntelang als „Ausbund jüdisch-bolschewistischen Untermenschentums" bekämpft hatte.

Wenn aber nicht Vaterlandsliebe, was waren dann die Antriebskräfte für Hitlers Brutalitäten? Am nächsten kommt man dem wahren Grund wohl mit medizinischen Kategorien. Pater Rupert Mayer, der berühmte Münchner Männerapostel, der nach dem Ersten Weltkrieg einmal mit Hitler zusammen in einer Versammlung auftrat und ihn dabei genau beobachten konnte, nennt ihn in seinen Erinnerungen „Der Nationalsozialismus und meine Wenigkeit" einen „Hysteriker reinsten Wassers"[22].

Als angemessene Strafe konnte daher bei gerechter Würdigung dieses blutigen Staatsstreichs in einem Staat, dessen Gesetze diese Strafe zulassen, nur die Todesstrafe ausgesprochen werden, wie sie zum Beispiel am 5. Juni 1919 vom Standgericht gegen den Führer der Münchner Kommunisten und Vorsitzenden des Vollzugsrates der Zweiten Räterepublik Eugen Leviné verhängt und vollstreckt worden war. Die bayerischen Volksgerichte von 1918 haben bis zu ihrer Auflösung im Mai 1924 insgesamt 6400 Fälle behandelt und dabei immerhin 20 Todesurteile gefällt.[23] Es erscheint daher durchaus folgerichtig, wenn Hubert Freiherr von Aufseß, der Leiter der politischen Abteilung des Generalstaatskommissariats, es für angebracht hielt, auch Hitler zum Tode zu verurteilen.[24]

Keine Ausweisung Hitlers

Die augenfälligste Rechtsbeugung ist die Unterlassung der Ausweisung Hitlers. § 9 Absatz 2 des Gesetzes zum Schutze der Republik bestimmt eindeutig, daß „neben jeder Verurteilung wegen Hochverrates ... gegen Ausländer auf Ausweisung aus dem Reichsgebiete zu erkennen" ist. Davor hatte der Österreicher Adolf Hitler besonders Angst, denn eine solche Ausweisung hätte ihm ja in der Tat sein weiteres „Wirken" in Deutschland unmöglich gemacht.

Der Erste Staatsanwalt Stenglein stellte in seinem Plädoyer keinen ausdrücklichen Ausweisungsantrag. Er erklärte, daß es mit Rücksicht auf die noch geltende Verordnung des Generalstaatskommissars vom 28. September 1923 *ihm* unmöglich sei, die Ausweisung zu beantragen. Diese Verordnung verbiete nämlich allen Strafverfolgungs- und Polizeibehörden (nicht aber den Gerichten, d. V.), das Reichsgesetz zum Schutze der Republik anzuwenden, dessen § 9 die Ausweisung von hochverräterischen Ausländern vorschreibe. Im Original des Hauptverhandlungsprotokolls ist das Wort „ihm" durch Unterstreichung hervorgehoben, wie aus dem im Nachlaß Ehards aufbewahrten Schreibmaschinendurchschlag ersichtlich ist.[25] Der Anklagevertreter fährt dann ausweislich dieses Protokolldurchschlages mit einem Satz fort, der in allen gedruckten Protokollwiedergaben fehlt: „Dagegen wird das *Gericht* von Amts wegen die Notwendigkeit der zwingend vorgeschriebenen Bestimmung des genannten § 9 zu prüfen haben." Das konnte nur so verstanden werden, daß Hitler ausgewiesen werden mußte. Angesichts dieser grundsätzlichen, aber auch selbstverständlichen Feststellung Stengleins ist es unverständlich, daß das Volksgericht die Ausweisung Hitlers unterließ. Es bringt dafür das völlig untaugliche Argument, „Sinn und Zweck" dieser Ausweisungsbestimmung könnten auf den Österreicher Hitler keine Anwendung finden (vgl. Seite 94)

Das Justizministerium hat durch seinen Verbindungs- und Vertrauensmann Oberstaatsanwalt Hans Aull, der der Hauptverhandlung von Anfang bis Ende beiwohnte, wiederholt und insbesondere unmittelbar vor der Urteilsberatung den Vorsitzenden Neithardt nachdrücklich auf die gesetzliche Pflicht hingewiesen, „im Falle der Verurteilung des Ausländers Hitler dessen Ausweisung aus dem Reichsgebiet auszusprechen".[26]

Bei dieser Rechtsbeugung – anders kann man es nicht nennen – fällt besonders auf, daß in den Urteilsgründen an anderer Stelle (Seite 81) selbst von einem Gericht absolute Gesetzestreue verlangt wird: „Die Rechtsprechung darf im Gegensatz zur Gesetzgebung und Verwaltung, denen das ... Staatsnotrecht unter gewissen Voraussetzungen die Befugnis verleiht, gegen die bestehenden Gesetze, ja sogar gegen die Verfassung zu handeln, unter keinen Umständen gegen das gesetzte Recht verstoßen. Ihre Aufgabe ist schlechthin die Aufrechterhaltung desselben."

Die Ausweisung Hitlers hätte immerhin noch im Verwaltungsweg erfolgen können. Die Bemühungen in dieser Richtung scheiterten jedoch am hartnäckigen Widerstand des österreichischen Bundeskanzlers Prälat Ignaz Seipel, der den „Putschisten und Unruhestifter" nicht in seinem Land haben wollte.[27] Um der Ausweisungsgefahr endgültig zu entgehen, beantragte Hitler am 7. April 1925 die Entlassung aus dem österreichischen Staatsverband, die die österreichische Regierung bereits am 30. April 1925 genehmigte.

Hitler war damit, wie der „Völkische Beobachter" am 23. Mai 1925 ausdrücklich bekanntgab, staatenlos geworden.

Gesetzwidrige Bewährungsfrist

Nicht minder schwer wiegt die Rechtsbeugung, die in der Inaussichtstellung einer Bewährungsfrist liegt, die die Richter gleichzeitig mit dem Urteil mit einem gesonderten Gerichtsbeschluß verkündeten.

Hitler hatte nämlich bereits im September 1921 eine Versammlung des Bayernbundes im Löwenbräukeller mit Gewalt schon vor ihrem Beginn sprengen lassen und wurde deshalb im Januar 1922 wegen Landfriedensbruchs zu drei Monaten Gefängnis verurteilt. Hiervon mußte er lediglich einen Monat absitzen; der Rest wurde mit einer Bewährungsfrist bis 1926 ausgesetzt. Noch innerhalb dieser Bewährungsfrist hat Hitler nun jenen gewaltsamen Hochverrat vom November 1923 begangen. Wer während der Bewährungsfrist rückfällig wird, kann keine Bewährungsfrist mehr bekommen, er muß dazu die bisher bedingt ausgesetzte Strafe nachsitzen. Davon ist im Urteil mit keinem Wort die Rede! Die Vorstrafenliste Hitlers (siehe Seite 59) hat der Vorsitzende überhaupt nicht zum Gegenstand der Hauptverhandlung gemacht.

Die 1922 gewährte erste Bewährungsfrist hätte übrigens schon vor dem Putsch widerrufen werden müssen. Hitler und seine Leute waren nämlich schon am 1. Mai 1923 zu einem bewaffneten Aufstand im Norden Münchens am Oberwiesenfeld aufmarschiert. Das hierwegen nach § 125 StGB (Landfriedensbruch) eingeleitete Strafverfahren wurde auf Anweisung Justizministers Gürtners im September 1923 „auf ruhigere Zeiten" verschoben und nie wieder in Gang gesetzt. Wäre bei der Einleitung dieses Verfahrens wenigstens Hitlers Bewährungsfrist für den noch offenen Strafrest von zwei Monaten aus dem Landfriedensbruch-

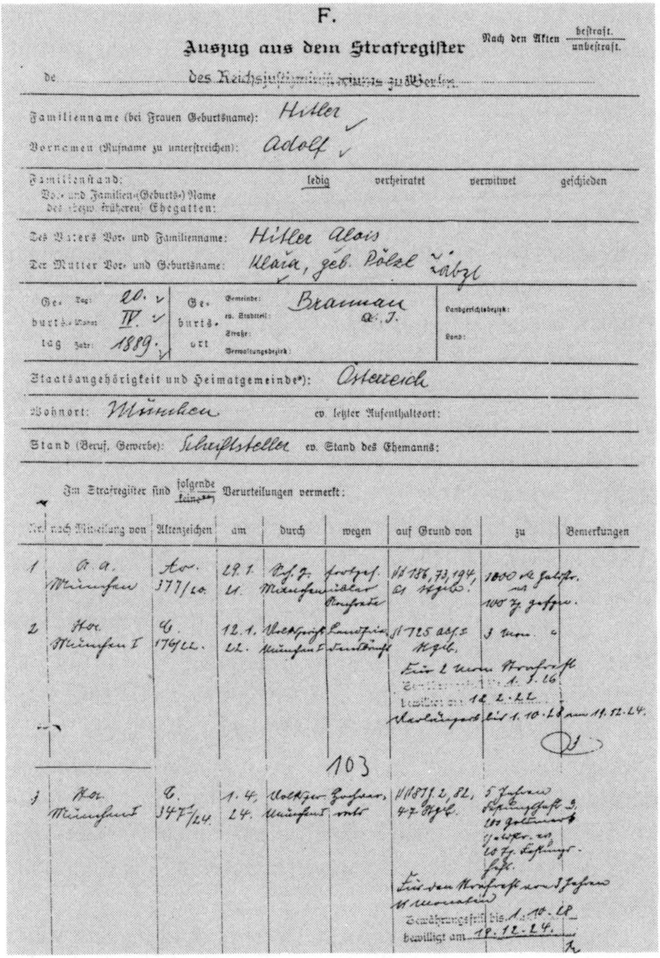

Abb. 6: Strafliste für Adolf Hitler. Am 29. Januar 1921 wegen fortgesetzter übler Nachrede 1000 Mark Geldstrafe. Eine weitere Verurteilung ein Jahr später, am 12. Januar 1922, wegen Landfriedensbruchs zu drei Monaten Gefängnis, davon nur ein Monat verbüßt. Der Rest wurde bedingt „auf Bewährung" erlassen. Die Bewährungsfrist sollte bis 1. Oktober 1928 dauern. Am selben Tage sollte auch die Bewährungsfrist ablaufen, die Hitler nach seiner Verurteilung wegen Hochverrats für den Strafrest von drei Jahren und elf Monaten bewilligt worden war.

Urteil von 1922 widerrufen und Hitler eingesperrt worden, dann hätte der Putsch vom 8./9. November nicht stattfinden können.

Formfehler

Auch an formellen Fehlern leidet dieses Urteil:

In aller Welt werden Urteile im Namen der zuständigen Autorität verkündet. Im Deutschen Reich wurden sie „Im Namen Seiner Majestät des Königs" oder (beim Reichsgericht) „Im Namen des Reichs" verkündet, die kirchlichen Gerichte entscheiden „Im Namen Gottes" oder „Im Namen der Allerheiligsten Dreifaltigkeit". In der Bundesrepublik Deutschland werden die Urteile „Im Namen des Volkes" verkündet.

Im Hitler-Urteil fehlt ein solcher Hinweis auf einen Gerichtsherrn, obwohl das Volksgericht in München sonst „Im Namen des Freistaates Bayern" urteilte. Eine Erklärung dafür könnte darin liegen, daß im Fall Hitler von Anfang an darüber gestritten worden war, ob das (an sich zuständige) Reichsgericht in Leipzig urteilen sollte oder das bayerische Volksgericht in München. Vielleicht wollte man vermeiden, daß sich die Reichsbehörden, insbesondere das Reichsgericht, durch die Formel „Im Namen des Freistaates Bayern" provoziert fühlten, zumal die Verurteilung ja aufgrund des Strafgesetzbuches für das Deutsche Reich erfolgte.

Üblicherweise beginnt die Urteilsbegründung mit einer Schilderung des Lebenslaufs des Angeklagten. Das ist für das Motiv der Tat, für die Beurteilung der kriminellen Energie des Täters und seiner Besserungsaussichten und besonders für das zu verhängende Strafmaß von Bedeutung. Über Hitlers Vergangenheit schweigt sich das Volksgericht jedoch aus. Wollte man die freudlose Jugend des familienlosen und beruflich gescheiterten Vielredners nicht zur Kenntnis nehmen?

Auch bei den Urteilsunterschriften wartet das Hitler-Urteil mit einer sonst nirgendwo zu beobachtenden Besonderheit auf: Die fünf Richter haben nur den Urteilssatz unterschrieben, hingegen sind die Gründe des Urteils vom Vorsitzenden Neithardt allein unterschrieben. Das widerspricht der bei anderen Urteilen des Volksgerichts zu beobachtenden Übung und dem eindeutigen Wortlaut der Strafprozeßordnung (§ 275 Abs. 2 StPO), deren Grundsätze auch für die Volksgerichte gelten. Allerdings bestimmt § 26 der Verordnung über die Errichtung von Volksgerichten vom 19. November 1918, daß zwar die Urteilsformel von allen Richtern unterschrieben werden muß, auch von denen, die gegen das Urteil gestimmt haben, daß aber eine schriftliche Abfassung der Urteilsgründe nicht erforderlich ist. Aber wenn schon Urteilsgründe schriftlich abgefaßt werden, dann müssen sie logischerweise auch von allen Richtern unterschrieben werden.

Warum haben die vier Beisitzer die Urteilsgründe nicht unterschrieben? Die nächstliegende Antwort könnte lauten: Zwischen dem Schluß der Plädoyers am Donnerstag, dem 27. März und der Urteilsverkündung am Morgen des darauffolgenden Dienstags (1. April) standen nur vier Tage für eine Beratung und Formulierung der Urteilsgründe zur Verfügung, ein verlängertes Wochenende. Vor der Urteilsverkündung hatten alle fünf Richter die Urteilsformel unterschrieben. Die Urteilsbegründung (44 Schreibmaschinenseiten!) hat Neithardt erst hinterher allein angefertigt, sie war nie Gegenstand einer Beratung. Das zeigen insbesondere die eingestreuten, den Laienbeisitzern wohl unverständlichen lateinischen Sätze. Auch die nicht gerade wenigen Schreibfehler, grammatikalischen Ungereimtheiten und stilistischen Schwerfälligkeiten deuten auf einen ziemlichen Zeitdruck des Verfassers der Urteilsgründe hin, deren Text offenbar keiner der Beisitzer nachgeprüft hat.

Nicht erwähnte Verbrechenstatbestände

Sodann haben Neithardt und seine Beisitzer eine Reihe von Strafbestimmungen überhaupt nicht in Erwägung gezogen und damit durch Nichtanwendung verletzt. Das beginnt schon beim Verbot des Waffenbesitzes und des Tragens von Waffen bei Versammlungen und öffentlichen Aufzügen (Vereinsgesetz von 1908 und Verordnung über Waffenbesitz von 1919). Die in der Weimarer Verfassung garantierte Versammlungsfreiheit (Artikel 123) galt ausdrücklich nur für friedliche und unbewaffnete Teilnehmer. Und die Strafvorschriften über die Verbrechen Mord, Totschlag, Erpressung, Freiheitsberaubung, Nötigung usw. und über Anstiftung und Beihilfe dazu wurden nicht einmal erwähnt, obwohl doch die Tötung der vier Polizisten, der Raub der Banknoten, die Erpressung der Minister im Nebenzimmer des Bürgerbräukellers, die Verschleppung der Minister und der Stadträte eine Bestrafung nach den einschlägigen Strafbestimmungen erfordert hätten.

Keine Zeile des Urteils sagt etwas darüber, warum die in der Anklageschrift angebotenen Beweise nicht erhoben worden sind. Die Anklageschrift nennt als Beweismittel ausdrücklich die Straflisten der Beteiligten (sie wäre besonders bei Hitler wegen der Bewährungsfrist von Bedeutung gewesen) und bietet 78 Personen als Zeugen an. Die meisten davon wurden nicht vernommen, vereidigt wurden nur die Entlastungszeugen.

Der Volksgerichts-Vorsitzende Georg Neithardt:

Über Richter, die ein solches Urteil fällen, will man Genaueres erfahren. Hier soll wenigstens der Vorsitzende näher vorgestellt werden:

Georg Neithardt wurde am 31. Januar 1871 in Nürnberg als Sohn eines Großkaufmannes geboren. Seine juristische Laufbahn war zunächst recht unauffällig: Die Große Juristische Staatsprüfung bestand er mit einer soliden Durchschnittsnote. Seine beruflichen Stationen waren die üblichen: Amtsrichter (1899), Landgerichtsrat in München (1911), seit 1920 mit Titel und Rang eines Oberlandesgerichtsrates.

Im September 1919 wurde Neithardt wegen seiner rechtskonservativen Einstellung zum Vorsitzenden des Volksgerichts in München berufen. Seine nationalistische Voreingenommenheit zeigte sich unter anderem im Mordprozeß gegen Anton Graf Arco-Valley, der den ersten Ministerpräsidenten des Freistaates Bayern, Kurt Eisner, auf offener Straße hinterrücks erschossen hatte. Das Urteil, das Neithardt am 16. Januar 1920 verkündete, verhängte zwar formell die Todesstrafe, aber die bürgerlichen Ehrenrechte hat er dem Mörder ausdrücklich nicht aberkannt. Neithardts Urteil enthält die in der deutschen Rechtsgeschichte einmaligen Sätze: „Von einer Aberkennung der bürgerlichen Ehrenrechte konnte natürlich keine Rede sein, weil die Handlungsweise des jungen, politisch unmündigen Mannes (Arco) nicht niedriger Gesinnung, sondern der glühendsten Liebe zu seinem Volke und Vaterlande entsprang und ein Ausfluß seines Draufgängertums und der in weiten Volkskreisen herrschenden Empörung gegen Eisner war ...".[26] Anton Graf Arco-Valley wurde sodann, was ganz offensichtlich von vornherein beabsichtigt war, bereits am nächsten Tag zu Festungshaft begnadigt und bereits im Mai 1924 entlassen.

Der so als ultrarechts und extrem nationalistisch ausgewiesene Neithardt war es dann, der den Hitler-Prozeß zu führen bekam.

Das Urteil hat ihm wenige Monate nach Hitlers „Machtübernahme", nämlich bereits am 1. September 1933, die bevorzugte Beförderung zum Münchner Oberlandesgerichtspräsidenten eingetragen, am 1. November 1933 wurde Neithardt rückwirkend per 1. September 1933 in die Nationalsozialistische Deutsche Arbeiterpartei aufgenommen.

Als Neithardt am 1. Mai 1939 in den Ruhestand trat, würdigte sein Stellvertreter, Vizepräsident Alfred Dürr, ein Schwager Justizminister Gürtners, im Rahmen einer Feierstunde ausdrücklich die „Verdienste" Neithardts im Hitler-Prozeß. Niemals ist ein Richter wegen seiner Rechtsbeugung so belobigt worden. In Dürrs Laudatio heißt es:

„Alle Schwierigkeiten wurden überwunden durch die Geschicklichkeit des Vorsitzenden. Es war bitter: Freisprechung war nicht möglich, in harter Richterpflicht mußte das Volksgericht Adolf Hitler des Hochverrats schuldig erkennen und gegen ihn Festungshaft aussprechen. Aber das Schlimmste wurde abgewendet. Trotz zwingender Gesetzesvorschrift lehnte das Volksgericht es ab, gegen den Deutschesten der Deutschen auf Reichsverweisung zu erkennen und ihm dadurch sein weiteres Wirken im Inlande unmöglich zu machen. So konnte Adolf Hitler nach verhältnismäßig kurzer Zeit seine Bewegung neu aufbauen und sie am 30. Januar 1933 zum Siege führen."

Am 1. November 1941 starb Neithardt. Sein ehemaliger Vorzugsangeklagter Hitler ließ durch den Kreisleiter von München an seinem Sarg einen Kranz niederlegen.

Die Spruchkammer München hat in Anwendung des bayerischen Gesetzes zur Befreiung von Nationalsozialismus und Militarismus vom 5. März 1946 den Nachlaß Neithardts eingezogen, weil Neithardt, wenn er noch gelebt hätte, wegen seiner außerordentlichen Unterstützung der NS-Gewaltherrschaft in die Gruppe der „Hauptschuldigen" einzureihen gewesen wäre.[28] Die Berufungskammer hat dann die Einziehung des Nachlasses auf 30 Prozent beschränkt, weil Neithardt lediglich wegen Förderung des Nationalsozialismus und als Belohnung für die milde Behandlung Hitlers bevorzugt worden sei, aber die NS-Gewaltherrschaft als solche nicht wesentlich gefördert habe; er sei bloß „Nutznießer" gewesen. Der beim Bayerischen Ministerium für Sonderaufgaben gebildete Kassationshof hat dann auch dieses Berufungsurteil aufgehoben und die Einstellung des Spruchkammerverfahrens gegen Neithardt veranlaßt. Es fehle bei Neithardt am

Nachweis des inneren Tatbestandes, insbesondere sei die Nichtausweisung Hitlers ein bloßer Rechtsirrtum gewesen, keine Rechtsbeugung.

So sah in Bayern nach 1945 die vielberedete „Bewältigung der nationalsozialistischen Vergangenheit" aus.

Ein Beisitzer berichtet

Bevor wir uns nun den Text des Hitler-Urteils endlich genauer anschauen, noch ein Wort über die vielbeklagte formlose und undisziplinierte Arbeitsweise des Volksgerichts. Dazu verwahrt das Institut für Zeitgeschichte in München ein Protokoll, das ein unmittelbarer Augen- und Ohrenzeuge, nämlich der Ersatzbeisitzer Max Brauneis, im Mai 1949 erstellt hat:[26]

„... Im Prozeß war ich vom ersten Tag an bis zum Augenblick der Beratung anwesend. Bei der Beratung über das Urteil selbst war ich nicht anwesend. Wenn vom Gericht irgendwelche Beschlüsse gefaßt werden mußten, war ich immer dabei. Ich habe mit am Richtertisch gesessen. Es ist eigentlich zu ausgesprochenen Beratungen bzw. Abstimmungen nicht gekommen ... Vielmehr war die Sache so, daß Neithardt seine Meinung und seine Entschließung vorgetragen hat und dann ungefähr hinzufügte: ‚Die Herren sind damit einverstanden' ... Ich hatte immer das Gefühl, daß Neithardt den Prozeß sehr in der Hand hielt und daß seine Meinung und sein Wille ein überwiegendes Gewicht hatten. Ich möchte nicht verschweigen, daß ich das Gefühl hatte, daß der Prozeß vom Justizministerium her durch den Verbindungsmann Aull stark beeinflußt wurde. Aull war wiederholt bei Beratungen im Beratungszimmer mit dabei, so daß ich mich innerlich gefragt habe, ob das in Ordnung sei und ob ich nicht dagegen opponieren solle. Aull hat dabei ausschließlich mit dem Juristen gesprochen, und es wurden dabei die sachlichen Ergebnisse des Prozesses lebhaft erörtert. Ich glaube mich zu erinnern, daß ich über diese Geschichte mit den Laienbeisitzern sprach, aber ich konnte sie nicht veranlassen, irgend etwas dagegen zu tun. Ich hatte überhaupt von den Laienrichtern das Gefühl, daß sie ziemlich uninteressiert und verschlafen waren. Sie hatten nicht das Interesse an der Sache, das sie nach meiner Meinung hätten haben müssen, zumindest zeigten sie nicht das notwendige Inter-

esse ... Ich kann mich nicht erinnern, daß einer der Laienbeisitzer während des ganzen Prozesses auch nur eine Frage gestellt hätte vom Richtertisch aus. Das ist mir sogar unangenehm aufgefallen, und ich wollte an einer Stelle des Prozesses, bei der Vernehmung von Kahr nämlich, der seine ganze Aussage ablas, die Frage stellen, ob das erlaubt sei. Ich wollte mich dem Vorsitzenden bemerkbar machen, aber der hat mich entweder nicht gesehen oder nicht sehen wollen ...
Es sind übrigens auch wiederholt Rechtsanwälte der Angeklagten in das Beratungszimmer gekommen, während sich das Gericht dorthin zur Beratung zurückgezogen hatte. Es ist da oft sehr lebhaft zugegangen, die Anwälte sind zum Vorsitzenden gegangen und haben sich mit ihm über irgend etwas besprochen, manchmal waren es so viele, daß sie Neithardt gebeten hat, das Zimmer zu verlassen. Mir ist das aufgefallen, weil in anderen Strafprozessen, in denen ich als Beisitzer tätig war, der Vorsitzende derartige Besuche im Richterzimmer nicht zuließ."

Besonders aufschlußreich sind die Beobachtungen, die der Laienbeisitzer Brauneis am 9. November 1923 vor der Feldherrnhalle persönlich hatte machen können:

„Vom Prozeß selbst hatte ich den Eindruck, daß von seiten der Angeklagten oft nicht die Wahrheit gesagt wurde. Es war zum Beispiel nicht richtig, wenn behauptet wurde, daß bei dem Zug am 9. November die Gewehre nicht geladen worden seien. Ich selbst bin als Zuschauer eine Strecke Weges mit dem Zug gegangen, und zwar vom Marienplatz bis zur Feldherrnhalle, und habe gesehen, wie in der Nähe des Hoftheaters einige Zugsteilnehmer in die Tasche gegriffen haben und einen Streifen Patronen ins Gewehr gedrückt haben. Am Königsplatz stand übrigens auch ein Auto mit Anhänger, auf dem Uniformierte waren, die auch geladen haben. Ich war auch bei der Schießerei dabei; ich habe mich hinter dem Sockel eines der Löwen vor der Residenz geborgen."

Auch über zwei prozessual bedeutsame Einzelheiten aus dem Hitler-Prozeß weiß der Zeitzeuge Brauneis aus eigener Anschauung Bescheid:

„Ich kann mich nicht erinnern, daß Neithardt eine Strafliste Hitlers verlesen hat. Ich glaube, wenn Neithardt ausdrücklich auf die Vorstrafe Hitlers hingewiesen hätte und erklärt hätte, daß sie auch für dieses Urteil wichtig sei, würde ich mich heute noch erinnern ... Solange ich bei dem Prozeß anwesend war, kann ich mich nicht erinnern, daß darüber gesprochen wurde, daß Hitler nach dem Gesetz ausgewiesen werden müßte. Es ist das wohl bei der Beratung über das Urteil selbst besprochen worden. Ich habe den Eindruck, daß stimmungsmäßig vor allem die Laienrichter auf dem Standpunkt standen, daß den bayerischen Staat ein Verschulden treffe, weil er Hitler für sein vaterländisches Verhalten nicht eingebürgert habe. Ich erinnere mich, daß ich von Neithardt gesprächsweise eine ähnliche Auffassung bei dem Zusammensein gehört habe."

Auch diese unorthodoxe Verhandlungsführung ist ein Grund für die Unzulänglichkeiten und Widersprüche des Urteils.

Und nun also das Urteil selbst:

b) Der Urteilsspruch:
Bewährungsfrist in Aussicht gestellt

Am Dienstag, dem 1. April 1924 kurz nach 10 Uhr verkündete das Gericht im Gebäude der Infanterieschule an der Marsstraße, in dem man den Speisesaal im Ostflügel zum Gerichtssaal umfunktioniert hatte, unter tumultartigen Sympathiebekundungen des Publikums und der Presse das Urteil. Dabei erschien, ohne daß Neithardt das beanstandete, der Angeklagte Dr. Friedrich Weber, obwohl er sich noch in Untersuchungshaft befand, in der Uniform des verbotenen Bundes Oberland.

Der Wortlaut des Urteils:[29]

„Anz.-Verz. XIX 421/1923
Proz.-Reg.-Nr. 20, 68, 97/1924

Das Volksgericht für den Landgerichtsbezirk München I hat auf Grund mündlicher Verhandlung in öffentlichen Sitzungen[30] vom 26. Februar bis 27. März 1924, an welcher teilgenommen haben:
1. der Landgerichtsdirektor Neithardt als Vorsitzender,
2. der Landgerichtsrat Leyendecker als Beisitzer,
3. der Oberlandesgerichtsrat Simmerding als Ersatzrichter,
4. die Laienrichter: Beck Leonhard, Zimmermann Christian, Herrmann Philipp und Brauneis Max, letzterer als Ersatzrichter,

Abb. 7: Die Angeklagten und ihre Verteidiger in einer Pause während des Hitler-Prozesses im März 1924 vor der zum Gerichtsgebäude umfunktionierten ehemaligen Infanterieschule an der Marsstraße in München. Friedrich Weber (7. v. l.), Kriebel (9. v. l.), Ludendorff (12. v. l.), Hitler (14. v. l.), Röhm (16. v. l.), Rechtsanwalt Schramm (1. v. r.), Frick (4. v. r.). Als Verteidiger traten im Hitler-Prozeß auf die Rechtsanwälte
H. Bauer für Pernet
Dr. Götz für Frick
Hemmeter für Pöhner und Wagner
Holl für Dr. Weber
Kohl für Brückner
Luetgebrune für Ludendorff
H. Mayer für Dr. Weber
Roder für Hitler, Pöhner und Frick
Schramm für Röhm und
von Zezschwitz für Ludendorff.
Näheres dazu im Personenregister S. 173 ff.

5. der I. Staatsanwalt Stenglein mit dem II. Staatsanwalt Dr. Ehard als Beamten der Staatsanwaltschaft München I,
6. der Landgerichtsinspektor Bornschein als Gerichtsschreiber,

am 1. April 1924 vormittags 10 Uhr 5 Minuten in der Strafsache gegen *Hitler* Adolf, ledigen Schriftsteller, und neun Mitbeschuldigte,

wegen Hochverrats u. a.,

in Gegenwart:

1. des Landgerichtsdirektors Neithardt,
2. des Landgerichtsrats Leyendecker,

der Laienrichter:

3. Beck Leonhard,
4. Zimmermann Christian,
5. Herrmann Philipp,
6. des I. Staatsanwaltes Stenglein und des II. Staatsanwaltes Dr. Ehard,
7. des stv. Gerichtsschreibers Passauer,

nachstehendes

URTEIL
erlassen:

A
Urteil

I. Von den Angeklagten:

1. *Hitler* Adolf, geboren am 20. April 1889 in Braunau (Oberösterreich), Schriftsteller in München, seit 14. November 1923 in dieser Sache in Untersuchungshaft;
2. *Ludendorff* Erich, geboren am 9. April 1865 in Kuszewia, General der Infanterie a. D., Exzellenz in München;
3. *Pöhner* Ernst, geboren am 11. Januar 1870 in Hof a. S., Rat am Obersten Landesgerichte in München, in dieser Sache vom 9. November 1923 bis 23. Januar 1924 in Untersuchungshaft gewesen;
4. *Frick* Wilhelm, geboren am 12. März 1877 in Alsenz B. A. Reckenhausen, Oberamtmann der Polizeidirektion München, Dr. jur., in dieser Sache seit 9. November 1923 in Untersuchungshaft;
5. *Weber* Friedrich, geboren am 30. Januar 1892 zu Frankfurt a. M., Assistent an der tierärztlichen Fakultät der Universität München, Dr. med. vet., in dieser Sache seit 9. November 1923 in Untersuchungshaft;

6. *Röhm* Ernst, geboren am 28. November 1887 in München, Hauptmann a. D. in München, in dieser Sache seit 9. November 1923 in Untersuchungshaft;
7. *Brückner* Wilhelm, geboren am 11. Dezember 1884 in Baden-Baden, Oberleutnant der Reserve a. D. und Studierender der Staatswissenschaften in München, seit 23. November 1923 in dieser Sache in Untersuchungshaft;
8. *Wagner* Robert, geboren am 13. Oktober 1895 in Lindach, Kreis Moosburg (Baden), Leutnant in München, vom 16. November 1923 bis 14. Februar 1924 in dieser Sache in Untersuchungshaft gewesen;
9. *Kriebel* Hermann, geboren am 20. Januar 1876 in Germersheim, Oberstleutnant a. D. in München, in dieser Sache seit 16. Januar 1924 in Untersuchungshaft;
10. *Pernet* Heinz, geboren am 5. September 1896 in Berlin-Charlottenburg, Oberleutnant a. D. und Bankbeamter in München, vom 16. November 1923 bis 9. Februar 1924 in dieser Sache in Untersuchungshaft gewesen,

werden verurteilt:

Hitler, Weber, Kriebel und Pöhner
jeder wegen eines Verbrechens des Hochverrats je zu
fünf Jahren Festungshaft,
ab bei Hitler vier Monate zwei Wochen, Weber vier Monate drei Wochen, Kriebel und Pöhner je zwei Monate zwei Wochen Untersuchungshaft, sowie jeder zur Geldstrafe von zweihundert Goldmark, ersatzweise zu je weiteren zwanzig Tagen Festungshaft;

Brückner, Röhm, Pernet, Wagner und Frick
jeder wegen eines Verbrechens der Beihilfe zu einem Verbrechen des Hochverrats zu je *einem Jahr drei Monaten Festungshaft,* ab bei Brückner vier Monate eine Woche, Röhm und Frick je vier Monate drei Wochen, Pernet und Wagner je zwei Monate drei Wochen Untersuchungshaft,
sowie jeder zur Geldstrafe von einhundert Goldmark, ersatzweise zu je weiteren zehn Tagen Festungshaft,
sowie endlich alle zu den Kosten.

II.

Ludendorff wird von der Anklage eines Verbrechens des Hochverrats unter Überbürdung der ausscheidbaren Kosten auf die Staatskasse freigesprochen.

III.

Die Haftanordnungen gegen Frick, Röhm und Brückner werden aufgehoben.

B
Beschluß

Den Verurteilten Brückner, Röhm, Pernet, Wagner und Frick wird für den Strafrest mit sofortiger Wirksamkeit Bewährungsfrist je bis 1. April 1928 bewilligt.

Den Verurteilten Hitler, Pöhner, Weber und Kriebel wird nach Verbüßung eines weiteren Strafteils von je sechs Monaten Festungshaft Bewährungsfrist für den Strafrest in Aussicht gestellt.

Neithardt   Leyendecker   Beck   Zimmermann   Hermann

c) Gründe des Urteils[31]

Wie das Gericht die Vorgeschichte sieht

Im September 1923 war
- aus den Sturmabteilungen der nationalsozialistischen Arbeiterpartei,
- dem Bund Oberland und
- der Reichsflagge

der Deutsche Kampfbund gebildet worden.

Die Reichsflagge trat bald aus dem Bund wieder aus, worauf sich die Reichskriegsflagge, bestehend aus den südbayerischen Mitgliedern der Reichsflagge, konstituierte und Kampfbundmitglied wurde.

Zweck und Ziel des Kampfbundes ergeben sich aus einer Kundgebung auf dem Deutschen Tag in Nürnberg vom 2. September 1923. Sie sind der Niederschlag einer Weltanschauung, die in schroffstem Gegensatz steht zum Marxismus. Programm ist
- die Vernichtung der Weimarer Verfassung und des durch sie verkörperten parlamentarischen Systems,
- Austreibung des pazifistischen Geistes und
- die Beseitigung aller Folgen der Revolution von 1918, insbesondere der auf ihr fußenden und in ihrem Geiste tätigen Regierungen.

Insbesondere ist in dieser Nürnberger Kundgebung ausgeführt, daß die Freiheit erkämpft werden müsse durch die nationale Selbsthilfe des Volkes, daß aber der in Weimar errichtete deutsche Staat nicht Träger dieser deutschen Freiheitsbewegung sein könne.

Für die Sturmabteilungen der Nationalsozialistischen Arbeiter-

partei ist dieses Ziel noch näher bezeichnet in dem in der Hauptverhandlung verlesenen Nachrichtenblatt Nr. 2 vom 26. Oktober 1923. Danach hat Hitler am 23. Oktober 1923 die politische Lage dahin dargelegt, daß der Kampfbund im Gegensatz zu der engstirnigen, rein auf bayerische Abwehr eingestellten Politik der Kräfte hinter der bayerischen Diktatur nur den Weg gehen könne:
- Aufrollen der deutschen Frage in letzter Stunde von Bayern aus,
- Aufruf einer deutschen Freiheitsarmee unter einer deutschen Regierung in München,
- Durchführung des Kampfes in ganz Deutschland bis zur Hissung der schwarz-weiß-roten Hakenkreuzfahne auf dem Reichstagsgebäude in Berlin zum Zeichen der Befreiung Großdeutschlands.

Leiter des Kampfbundes waren die Angeklagten Hitler und Kriebel. Ersterer war zugleich Vorstand der Nationalsozialistischen Arbeiterpartei. Neben ihm fungierte in dieser u. a. der Mitangeklagte Brückner. Führer von Oberland war der Mitangeklagte Weber, Führer der Reichskriegsflagge der Mitangeklagte Röhm.

Die Mitangeklagten Ludendorff, Pöhner und Frick standen, ohne Mitglieder eines der im Kampfbund vereinigten Verbände zu sein, dem Bunde nahe.

Am 26. September 1923 wurde nach Aufgabe des passiven Ruhrwiderstandes vom bayerischen Gesamtstaatsministerium aufgrund des Artikels 48 der Reichsverfassung und § 64 der bayerischen Verfassungsurkunde der Regierungspräsident von Oberbayern, Exzellenz Dr. von Kahr, zum Generalstaatskommissar bestellt und ihm die vollziehende Gewalt übertragen.

Als seine Hauptaufgabe betrachtete Kahr ebenfalls den Kampf gegen den Marxismus und die Schaffung eines überparteilichen, in seinen Zielen nach rechts gerichteten und von dem Druck und den wechselvollen Einflüssen des Parlaments befreiten Direktoriums. Während sich sofort die übrigen vaterländischen Verbände hinter Kahr stellten, verhielt sich der Kampfbund zunächst abwartend. Auch in der Folgezeit wurde trotz einer ganzen Reihe von Besprechungen, die in enger Fühlung mit Kahr meist von den Zeugen von Lossow und von Seißer als Vertretern der staatlichen Machtmittel, nämlich der Reichswehr und der Landespolizei, mit den Vertretern des Kampfbundes geführt wurden, jedenfalls kein restloses Einvernehmen erzielt.

Es behaupten aber die Angeklagten, aufgrund dieser Besprechungen und gewisser Maßnahmen des Generalstaatskommissariats sowie Lossows und Seißers und der über die Besprechungen unter sich gepflogenen Unterredungen, in denen außer Ludendorff, Wagner und Pernet auch die Mitangeklagten, die an jenen Besprechungen nicht teilgenommen hatten, unterrichtet wurden, der Überzeugung gewesen zu sein, daß im Grunde Einverständnis mit Kahr, Lossow und Seißer bestehe, daß diese aber von sich aus nicht die Entschlußkraft aufbrächten, das gemeinsam Gewollte in die Tat umzusetzen.

Dieses gemeinsam Gewollte war nach der Behauptung der Angeklagten Hitler, Dr. Weber, Kriebel und Pöhner kurz gesagt die Lösung der deutschen Frage entsprechend dem schon erwähnten Kampfbundprogramm, also in der Weise, daß in Bayern eine großdeutsch eingestellte, von den Fesseln des Parlamentarismus befreite nationale Reichsdiktatur ausgerufen und mit brachialer Gewalt nach Berlin, dem Sitz des reichsverderbenden internationalen Marxismus,[32] vorgetragen werde. Das Instrument hierzu sollte die Nationalarmee sein, als deren Grundstock die gesamte Reichswehr sowie die Landespolizei angesehen wurde, von denen man überzeugt war, daß sie sich auf die Seite des Kampfbundes stellen würden.

Es braucht hier im einzelnen auf den Inhalt der Unterredungen, die in der Hauptverhandlung ja sehr ausführlich erörtert worden sind,[33] nicht eingegangen zu werden, jedoch ist hervorzuheben, daß Kahr, Lossow und Seißer entschieden bestreiten, zu irgendeiner Zeit Äußerungen getan zu haben, die die Angeklagten zu der Meinung hätten veranlassen können, daß sie ihrerseits an die Möglichkeit und Nützlichkeit einer solchen in Bayern aufgestellten Diktatur glaubten, vielmehr wollen Kahr, Lossow und Seißer stets mit Entschiedenheit betont haben, daß das von ihnen für notwendig gehaltene nationale Direktorium in Berlin selbst gegründet werden müsse, und zwar unter Heranziehung tragfähiger Namen aus dem Norden des Reiches. Auch die schon erwähnten Maßnahmen hätten die Angeklagten unmöglich im Sinne von Vorbereitungen eines Marsches nach Berlin deuten können. Als Mittel zur Durchsetzung des Direktoriums habe ihnen – Kahr, Lossow und Seißer – nicht eine militärische Aktion vorgeschwebt, sondern lediglich der in den wirtschaftlichen Machtfaktoren (Industrie und Landwirtschaft) und den staatlichen Machtmitteln (Reichswehr und Landespolizei) verkörperte Wille zur Schaffung geordneter Zustände anstelle der parlamentarischen Ratlosigkeit. Das von ihnen ins Auge gefaßte Ziel sei also nicht die Beseitigung der verfassungsmäßigen obersten Reichsorgane, sondern im Gegenteil die Schaffung des Direktoriums durch diese Organe auf dem im Artikel 48 der Reichsverfassung vorgesehenen Wege gewesen. Natürlich sei dieses Direktorium wie alle auf Artikel 48 der Reichsverfassung gestützten

Maßnahmen auch nur als vorübergehende Einrichtung gedacht gewesen, das nach der Erfüllung seiner Aufgabe – Herstellung geordneter Verhältnisse – wieder der ordentlichen Reichsgewalt hätte Platz machen sollen.

Von außerhalb des Kampfbundes stehenden Personen, die den Unterredungen mit Kahr, Lossow und Seißer angewohnt, und von solchen, die Gelegenheit hatten, in die erwähnten Maßnahmen Einblick zu tun, scheint bezüglich des Gedankens an den Marsch nach Berlin ein Teil den gleichen Eindruck empfangen zu haben wie die Angeklagten. Insbesondere mußte auch Studienrat Bauer, von dem die Angeklagten annahmen, daß er in ständiger Fühlung mit Kahr stehe, als Zeuge die Möglichkeit einräumen, daß seine öffentlich gehaltenen Reden mißverständlich im Sinne einer Propaganda für den Marsch nach Berlin aufgefaßt werden konnten.

Aus der schon erwähnten Überzeugung heraus, daß Kahr, Lossow und Seißer trotz des vorhandenen Willens das tatkräftige Wollen niemals aufbringen würden, hat Hitler am 6. November mit einigen Personen, zu denen keiner der Mitangeklagten gehört, den Entschluß gefaßt, den drei Herren Gelegenheit zum Absprung zu geben und die nationale Revolution in Gang zu bringen. Mitbestimmend war hierbei für ihn nach seiner Behauptung die seit dem 4. November 1923, wo Seißer von seiner Reise nach Berlin zurückgekehrt war, in ihm aufgetauchte Besorgnis, daß nunmehr die drei eine andere Zielrichtung einschlagen könnten und daß es, wie Lossow bei einer früheren Unterredung einmal angedeutet haben soll, nun entweder zu einer Separation Bayerns komme oder aber ein Direktorium Minoux – Gail (richtig: Gayl, d. V.) – Seeckt mit einem jüdischen Finanzminister, der den wahnwitzigen Gedanken einer Umwandlung der Reichsbahnen in eine Aktiengesellschaft hege, errichtet werde. Gefördert wurde der Entschluß weiter durch eine neuerliche Besprechung im Generalstaatskommissariat vom 6. November 1923, über die Hitler von seinen Freunden unterrichtet worden war, wobei er den Eindruck gewann, daß nunmehr die Ausführung des gemeinschaftlichen Planes zum Mindesten eine Verzögerung erfahren werde. Um die in der Separation ebenso wie in der Aufrichtung eines Direktoriums Minoux – Gail (richtig: Gayl, d. V.) – Seeckt liegende geradezu katastrophale Gefahr zu verhindern, will Hitler dafür sorgen zu müssen geglaubt haben, daß der ursprüngliche Plan des militärischen Marsches nach Berlin zur Durchführung komme. Als Zeitpunkt zum Handeln schien ihm der 8. November geeignet. Auf den Abend dieses Tages waren nämlich zwei große Versammlungen anberaumt, eine im Bürgerbräukeller und eine im Löwenbräukeller.

In ersterer sollten Kahr, Lossow und Seißer erscheinen und

Kahr eine Rede über den Marxismus halten. Geladen hierzu waren in erster Linie die Münchener Vertreter der Erwerbsstände, außerdem aber die Mitglieder der vaterländischen Vereine, auch der Kampfbund.

Die Versammlung im Löwenbräukeller war eine gesellige Veranstaltung der Reichskriegsflagge, zu der auch die übrigen Verbände des Kampfbundes sowie die Reichswehrangehörigen nebst ihren Familien gebeten waren.

Im Laufe des 7. November besprach Hitler seine Ideen mit Dr. Weber und Kriebel. Pöhner weihte er am 8. November vormittags ein. Hitler fand Zustimmung. Geplant war die Heranziehung eines größeren Aufgebots von Mitgliedern des Kampfbundes in Ausrüstung. Kahr, Lossow und Seißer sollten bei ihrem Erscheinen in der Versammlung im Bürgerbräukeller in ein Nebenzimmer gebeten werden. Dort wollte man ihnen vorstellen, daß nun die Zeit zum Handeln gekommen sei. Man hoffte angeblich, daß die drei Herren dann ohne weiteres ihr bisheriges Zaudern aufgeben und sich an der Gründung der nationalen Diktatur beteiligen würden. Dadurch, so glaubte man, wäre die Reichswehr und Landespolizei von selbst für das Unternehmen gewonnen.

Die Unterführer der Kampfbundverbände – auch auswärtige – bekamen Befehl, ihre Mannschaften an vorher bestimmten Orten für den Abend zu sammeln, ohne daß ihnen gesagt wurde, zu welchem Zweck. Es wurde ferner beschlossen, unmittelbar nach Ausrufung der Diktatur Exzellenz Ludendorff herbeizurufen, wobei man jedoch absichtlich davon Abstand nahm, ihn vorher einzuweihen.

Am Mittag des 8. November hatte der Mitangeklagte Pernet, ein Stiefsohn Ludendorffs und Mitglied der Nationalsozialistischen Arbeiterpartei Deutschlands, wie das Gericht aufgrund seiner Versicherung annimmt, ohne Kenntnis von dem für den Abend geplanten Unternehmen im Auftrag des Geschäftsführers der NSDAP Scheubner-Richter den Mitangeklagten Oberleutnant Wagner, der seit September 1923 zur hiesigen Infanterieschule kommandiert ist, zu einer Besprechung in die Geschäftsstelle des Kampfbundes, Schellingstraße 39, gebeten. Wagner traf dort den Oberleutnant a. D. Rossbach. Dieser gab ihm bekannt, daß am Abend im Bürgerbräukeller die nationale Regierung Hitler-Ludendorff-Kahr-Pöhner-Lossow ausgerufen werde, daß Reichswehr und Polizei in Bayern hinter dieser Regierung stünden und daß gleichzeitig im ganzen Reich die völkische Revolution ausbreche, wobei auch außerhalb Bayerns die Reichswehr teils hinter der Bewegung stehe, teils ihr jedenfalls nicht entgegentreten und auf Ludendorff nicht schießen werde. Die alte Regierung solle festgenommen werden. Die Infanterieschule sei als persönliche Sturmabteilung Ludendorffs ausersehen und habe um 8.30 Uhr abends anzutreten, sich in Kompanien zu formieren und unter seiner – Rossbachs – Führung zu Ludendorff zu rükken und sich ihm zur Verfügung zu halten. Die Stammoffiziere hätten dabei zunächst außer Betracht zu bleiben. Die werde Ludendorff am nächsten Tage selbst einteilen. Das alles sei zwischen den Führern des Kampfbundes und der neuen Regierung schon vereinbart.

Auf Befragen durch Wagner soll der Hauptmann Göring diese Ausführungen Rossbachs als wahr bestätigt haben.

Die Vorgänge, die sich am Abend im Bürgerbräukeller in der Öffentlichkeit abgespielt haben, sind, wie alle darüber in der Hauptverhandlung vernommenen Personen im großen und ganzen übereinstimmend angegeben haben, in der Anklageschrift richtig geschildert,[33] mit Ausnahme der ersten von Hitler im Saale gehaltenen Ansprache. Alle in der Hauptverhandlung zu Wort gekommenen Besucher der Versammlung erklären, daß der in den Münchener Neuesten Nachrichten vom 9. November 1923 enthaltene Bericht über die Vorgänge im Saal wahrheitsgetreu sei. Hiernach hat Hitler zuerst aber nur gesagt: ‚Die nationale Republik ist proklamiert!' Die Augsburger Abendzeitung vom 9. November, die in diesem Punkte ausführlicher berichtet, enthält als weitere Worte Hitlers die Sätze: ‚Der Saal ist besetzt, es gilt jetzt Ruhe zu bewahren. Ich bitte die Herren Kahr, Lossow und Pöhner (Muß wohl „Seißer" heißen, d. V.). In zehn Minuten wird alles erledigt sein. Wir hoffen, daß alle nationalen Elemente den Ernst der Stunde erkennen.'

Jedenfalls hat Hitler, und das ist nicht ganz unwichtig, zunächst nicht gesagt, daß die bayerische und die Reichsregierung abgesetzt und eine nationale Regierung gebildet sei. Vielmehr hat etwas ähnliches einige Zeit später Hauptmann Göring von der Saaltribüne herab bekanntgegeben.

Im übrigen kann hier auf die Anklage Bezug genommen werden.[33] Hervorzuheben ist, daß die bei der Zeugenvernehmung zutagegetretene Verschiedenheit des Eindruckes, den die Anwesenden von der Ernsthaftigkeit oder Nichternsthaftigkeit der von Kahr, Lossow und Seißer im Saal abgegebenen Erklärungen bekommen haben, aus einem noch zu erörternden Grunde für die Urteilsbegründung bedeutungslos ist, daß also hier auf eine kritische Würdigung der Zeugenaussagen nicht eingegangen zu werden braucht.

Bemerkt werden mag, daß sich das ursprüngliche Programm, wonach Kahr, Lossow und Seißer vor Beginn der Versammlung unauffällig in das Nebenzimmer gebeten werden sollten, nach der Angabe Hitlers nicht durchführen ließ, weil schon beim Erscheinen der drei Herren der Saal so überfüllt war, daß ein unauffälliges Herausbitten ganz ausgeschlossen gewesen wäre.

Zu der Aktion war befehlsgemäß die dazu ausersehene Mannschaft angetreten. Ob schon, wie Hitler im Saal verkündete, gleich 600 Mann den Saal besetzt hatten, oder, wie nunmehr behauptet wird, anfänglich nur zwölf Bewaffnete zur Verfügung standen und der Großteil erst später eintraf, ist bedeutungslos.

In schroffem Gegensatz stehen dagegen die Angaben Kahrs, Lossows und Seißers einerseits, Hitlers, Ludendorffs, Pöhners und Webers andererseits über die Vorgänge im Nebenzimmer, und zwar nicht nur bezüglich der Art und des Erfolges der Bemühungen letzterer, die ersteren zum Mittun zu gewinnen, sondern auch bezüglich des Verhaltens der ersteren, nachdem sie nach Angabe (richtig wohl „Abgabe", d. V.) ihrer Zustimmungserklärungen im Saal wieder in das Nebenzimmer zurückgekehrt waren.

Indessen braucht auch hier auf Einzelheiten nicht eingegangen zu werden, denn es steht nicht der Fall Kahr, Lossow und Seißer zur Verhandlung, sondern es ist nur über die Schuld oder Nichtschuld der Angeklagten zu entscheiden, und daher ist, wie weiter unten noch auszuführen sein wird, die Frage, ob die drei Herren mit dem Herzen bei der Sache waren oder nur, wie sie behaupten, Komödie gespielt haben, ohne Belang.

Aus diesem Grunde können auch das Verhalten und die Maßnahmen der drei im Laufe der Nacht und des nächstfolgenden Tages bis zum Zusammenbruch des Unternehmens im einzelnen unerörtert bleiben. Im folgenden wird deshalb hierauf nur insoweit eingegangen, als es zum Verständnis der Zusammenhänge erforderlich ist.

Nachzutragen ist hier, daß Hitler, wie Kahr, Lossow und Seißer aus dem Saal geführt wurden, Ludendorff in seiner Wohnung telefonisch hatte ersuchen lassen, sich bereit zu halten, sofort in den Bürgerbräukeller zu kommen, wenn ein Auto vorfahre, um ihn abzuholen, und daß alsbald auf Veranlassung Hitlers sich Scheubner-Richter und Pernet im Auto auf den Weg zu Ludendorff machten. So kam es, daß dieser zu der Unterredung im Nebenzimmer eintraf. Ob das geschah, ehe Pöhner im Nebenzimmer war oder ob Pöhner zuerst da war, ist gleichgültig. Scheubner-Richter hat Ludendorff während der Fahrt zum Bürgerbräukeller von den Vorgängen, die sich im Keller bis zu seiner Abfahrt nach Ludwigshöhe zugetragen hatten, verständigt.

Alsbald, nachdem Kahr, Lossow und Seißer ins Nebenzimmer getreten waren, hatte Kriebel angeordnet, daß Frick in der Polizeidirektion und die Versammlung im Löwenbräukeller von den Vorgängen im Bürgerbräukeller benachrichtigt würden. Das geschah telefonisch und durch Boten.

Im Löwenbräukeller löste die Nachricht ungeheuren Jubel aus. Man verließ auf Befehl Röhms und Brückners sofort den Versammlungsort und stellte sich auf dem Stiglmaierplatz zum Abmarsch nach dem Bürgerbräukeller auf. Auf dem Wege dahin erhielt Röhm in der Brienner Straße durch einen Radfahrer den Befehl Kriebels, mit den Mannschaften der Reichskriegsflagge zum Wehrkreiskommando zu marschieren und dort mit seinen Leuten eine Ehrenkompanie für den neuen Reichswehrminister Lossow abzustellen, wobei Röhm mitgeteilt wurde, Lossow werde alsbald im Wehrkreiskommando (dem früheren Kriegsministerium) erscheinen. Röhm folgte dem Befehl. Ihm schlossen sich einige Züge von Oberland an. Im ganzen waren es 250–300 Mann. Brückner marschierte mit dem Großteil seiner Leute zum Bürgerbräukeller.

Wagner hatte im Laufe des Nachmittags einen Teil seiner Kameraden von der Unterredung mit Rossbach unterrichtet. Am Abend trat die Infanterieschule im Hofe des Schulgebäudes an. Wagner teilte sie in vier Kompanien ein, und diese marschierten unter dem Kommando des inzwischen eingetroffenen Rossbach, der Wagner zu seinem Adjutanten ernannte, gleichfalls in den Bürgerbräukeller, wo Ludendorff sie begrüßte.

Bezüglich der nun folgenden Ereignisse kann im großen und ganzen auf die Ausführungen der Anklageschrift[33] Bezug genommen werden, natürlich ohne daß sich das Gericht die dort gezogenen Schlüsse zunächst zu eigen macht. Insbesondere wird die Behauptung der Anklageschrift, man habe das Unternehmen noch zu einer Zeit fortgeführt, wo man sicher wußte, daß Kahr, Lossow und Seißer fest entschlossen gewesen seien, den Putsch mit den gesetzmäßigen staatlichen Machtmitteln niederzuschlagen, einer späteren Würdigung vorbehalten.

Was das Gericht für erwiesen hält

In tatsächlicher Hinsicht hält das Gericht von den Vorgängen, in denen die Anklage den Tatbestand des Hochverrats erblickt, folgendes für erwiesen:

Hitler, Kriebel und Weber sind die Urheber des Planes. Pöhner war mit dem Plan und mit der ihm darin zugedachten Rolle einverstanden. Es sind deshalb Hitler, Kriebel, Weber und Pöhner, vorausgesetzt, daß eine strafbare Handlung überhaupt vorliegt, als Mittäter im Sinne des § 47 RStGB anzusehen, wenn natürlich auch infolge der Verschiedenheit der Einzelaufgaben, die jedem von ihnen zufielen, nicht jeder jede Einzelmaßnahme der anderen gekannt und gebilligt haben wird.

Abb. 8: Oberleutnant a. D. und Freikorpsführer Gerhard Roßbach (mit Armbinde), daneben der beim Hitler-Putsch tödlich getroffene Diener Ludendorffs, Kurt Neubauer (mit Feldmütze).

Das Ziel des Unternehmens war die Beseitigung der nach Ansicht der Angeklagten völlig im Banne des Marxismus stehenden Reichsregierung, einschließlich des Parlaments, jedenfalls in seiner jetzigen Zusammensetzung, und die Gründung einer nationalen Regierung, die die völkischen Belange, so wie sie von den Angeklagten verstanden werden, vertreten sollte. Die Beseitigung der bayerischen Regierung und die Ernennung Kahrs und Pöhners zu Gewalthabern in Bayern war nur Mittel zum Zweck. Sie sollte die wirksame Bekämpfung der Reichsregierung von Bayern aus ermöglichen.

Als Instrument zur Durchsetzung der neuen Reichsregierung gegen die bisherige und den hinter dieser stehenden, nach Meinung der Angeklagten nicht völkisch eingestellten Volksteil (der nach einem Ausspruch Hitlers keinerlei Mitbestimmungsrecht an den deutschen Geschicken hat), sollte die Nationalarmee dienen, deren Gründung sofort befohlen und in ihren Anfängen noch in der Nacht vom 8./9. durch Errichtung von Werbestellen in die Wege geleitet wurde.

Zur Verwirklichung des Zieles haben Hitler, Kriebel, Weber und Pöhner am 8. und 9. November 1923 die übrigen Mitangeklagten herangezogen und ihnen ihre Aufgaben zugewiesen. Mit ihrem Einverständnis hat Hitler die Reichsregierung und die bayerische Regierung abgesetzt und sofort die neue Regierung wenigstens in ihren Hauptpersonen creiert, haben Hitler, Weber und Pöhner auf Kahr, Lossow und Seißer eingewirkt, um sie zur Mittäterschaft zu gewinnen, und im Einverständnis aller vier wurden die Personen, von denen sie eine Durchkreuzung ihrer Pläne befürchteten (Minister und Polizeibeamte), verhaftet oder wurde doch nach ihnen gefahndet (am Saalausgang waren Leute aufgestellt, die bei Versammlungsschluß die Persönlichkeiten aller den Saal Verlassenden festzustellen hatten und beauftragt waren, alle Abgeordneten festzunehmen), ferner militärische Maßnahmen zur Bekämpfung allenfallsiger Widerstände getroffen, wozu das Gericht den Aufruf aller hiesigen und eines Teils der auswärtigen Mitglieder des Kampfbundes, die Besetzung des Bürgerbräukellers, der Isarbrücken und des Isarsteilhanges, aber auch die des Wehrkreiskommandos und die von der Infanterieschule versuchte Besetzung des Generalstaatskommissariats rechnet. Des weiteren trachteten die vier, in den Besitz der Polizeidirektion zu kommen und durch öffentliche Aufrufe die Reichswehr, Landespolizei und die Bevölkerung auf ihre Seite zu bringen. Ob auch die Veranstaltung des so unglücklich verlaufenen Propagandazuges in den Rahmen der zur Verwirklichung ihres Zieles gehörigen Unternehmungen fällt, mag an dieser Stelle dahingestellt bleiben. Die Beschlagnahme der 1460 (richtig: 14605, d. V.) Billionen Papiermark, die gleichfalls zur Stützung des Unternehmens erfolgt ist, ist zwar anscheinend von Hitler allein verfügt. Allein sie lag in der Linie des von allen vier Gewollten, nämlich dem gemeinsamen Werk jede nur mögliche Förderung angedeihen zu lassen, und ist demgemäß nach den oben gemachten Ausführungen allen vieren zuzurechnen. Die Zerstörung der Münchener Post und die Geiselverhaftung schreibt dagegen das Gericht den Angeklagten nicht zu, da sie von diesen Unternehmungen erst zu einer Zeit in Kenntnis gesetzt wurden, wo eine Rückgängigmachung nicht mehr möglich war; insbesondere ist die Angabe Hitlers, er habe die Geiseln zu ihrer eigenen Sicherheit, weil sie sonst von der Volksmenge erschlagen worden wären, im Bürgerbräukeller zurückhalten lassen, wohl zutreffend ...

Rechtliche Würdigung: Hochverrat

Wenn zur rechtlichen Würdigung übergegangen wird, so ist einleitend folgendes hervorzuheben: Die Rechtsprechung darf im Gegensatz zur Gesetzgebung und Verwaltung, denen das noch zu erwähnende Staatsnotrecht unter gewissen Voraussetzungen die Befugnis verleiht, gegen die bestehenden Gesetze, ja sogar gegen die Verfassung zu handeln, unter keinen Umständen gegen das gesetzte Recht verstoßen.[34] Ihre Aufgabe ist schlechthin die Aufrechterhaltung desselben *(Meyer, Lehrbuch des deutschen Staatsrechts, 4. Aufl., Seite 23)*. Daß Sympathien mit oder Antipathien gegen die Angeklagten oder die unter Anklage gestellte Tat völlig außer Betracht zu bleiben haben, versteht sich von selbst. Aber auch politische oder staatsrechtliche Zweckmäßigkeitsgründe dürfen keinerlei Rolle spielen, selbst wenn durch den Rechtsspruch der Staat zu Schaden kommen sollte, ‚Fiat justitia, pereat mundus!'[35]

Nun ergibt sich folgendes:

Der Zweck des Unternehmens war die Beseitigung der bisherigen obersten Reichs- und bayerischen Landesbehörden sowie die Einsetzung eines Landesverwesers in Bayern und einer ‚nationalen Regierung' im Reich. Das bedarf keiner weiteren Darlegung, es ist von Hitler im Bürgerbräukeller mit aller Deutlichkeit öffentlich verkündet worden.[36]

Das Unternehmen bedeutete nicht eine sogenannte Usurpation, d. h. die Ersetzung der bisherigen Minister bzw. mit ministeriellen Befugnissen ausgestatteten Personen (Generalstaatskommissar) durch andere Personen mit gleicher Machtbefugnis, sondern es war eine Verfassungsänderung. Denn die neuen Personen sollten nicht, wie die abgesetzten, dem Reichs- bzw. Bayerischen Landtag verantwortlich sein (§ 4 der Bayerischen und Artikel 54 der

Reichsverfassung), sondern diktatorische Gewalt besitzen, also vom Reichs- und Landtag, die überhaupt beseitigt werden sollten, unabhängig sein.

‚Der Putsch sollte die ungeheuerlichsten innerpolitischen Wirkungen ausüben. Ein Regiment, das fünf Jahre widerrechtlich Deutschland zu Tod regiert und die Veräußerung deutschen Hoheitsgebietes gebilligt hatte, sollte zerbrochen werden. Anstelle des internationalistisch, marxistisch, defaitistisch, pazifistisch, demokratisch eingestellten Regiments sollte eine völkisch nationale Regierung bestellt werden, sollte die ungeheuerlichste Umwälzung in Deutschland überhaupt seit – ich möchte sagen – geschichtlichem Denken, seit der Gründung des neubrandenburgischen Staates werden. Diese Umwälzung sollten diese ganzen Vorgänge hervorrufen.'

Das sind Hitlers eigene Worte in der Hauptverhandlung am 18. Tage unmittelbar vor Schluß der Beweisaufnahme.

Und Weber schrieb am 20. November 1923 im Nachgang zu seiner mündlichen Angabe bei seinen Vernehmungen an die Staatsanwaltschaft:

‚Die gesamte vaterländische Bewegung Bayerns ist eingestellt auf gewaltsame Änderung der Weimarer Verfassung. Denn sie ist antimarxistisch, antiparlamentarisch, antizentralistisch. Ihre Führer haben in ihren gesprochenen und geschriebenen Worten all die Zeit über kein Hehl daraus gemacht, daß ihr, wie ihrer Verbände Ziel die gewaltsame Beseitigung der jetzigen Reichsverfassung (wie jeder parlamentarischen überhaupt) ist, um an ihrer Stelle eine rein deutsche Form zu errichten. Das ist stets offen und öffentlich betont worden.'

Insofern unterscheidet sich das Unternehmen der Angeklagten grundlegend von dem, was – wie oben ausgeführt – angeblich Kahr, Lossow und Seißer wollten, nämlich die Einsetzung einer Reichsdiktatur auf der verfassungsmäßigen Grundlage des Artikels 48 der Reichsverfassung.

Auch die Umbildung der bayerischen Verhältnisse sollte in verfassungswidriger Weise vor sich gehen.

Insbesondere war die Ausrufung Kahrs zum Landesverweser Bayerns nicht eine bloße Titeländerung, denn als Generalstaatskommissar war Kahr dem Landtag ebenso verantwortlich wie die Minister, die ihn ernannt hatten. ‚Nemo plus juris in alium transferre potest, quam ipse habet.'[37]

Daß Kahr wirklich oder zum Schein eine noch viel weitergreifende Verfassungsänderung vornahm, nämlich sich zum Statthalter der Monarchie machte, also anstelle der Republik ein Königreich setzen wollte, rechnet das Gericht den Angeklagten nicht zu, weil das nicht in der Richtung ihrer Bestrebungen lag.

Wenn demgegenüber die Angeklagten behaupten, an eine Änderung der Weimarer Verfassung habe in der Nacht vom 8./9. November niemand gedacht, was hätte werden sollen, sei Gegenstand späterer Sorge gewesen, so verkennen sie den Begriff Verfassungsänderung und verwechseln ihn mit völliger Verfassungsbeseitigung. Objektiv ist der Tatbestand des § 81 Ziffer 2 RStGB schon erfüllt durch jeden gewaltsamen Angriff auf den Träger der Staatsgewalt, der ihn (sic!) oder seinen dazu berufenen Organen das Recht der freien Regierungsbetätigung entzieht. Ob dies für kürzere oder längere Zeit geschieht, ist gleichgültig *(Entscheidung des Reichsgerichts in Strafsachen, Band 56, Seite 263)*.[38]

Weiter halten die Verteidiger der Anklage entgegen, in Bayern habe es am 8./9. November de jure überhaupt keine Verfassung gegeben, sondern nur de facto. Die faktisch in Geltung befindliche Verfassung sei aber in Kahr verkörpert gewesen, und die Angeklagten seien ja nicht gegen, sondern mit Kahr gegangen, hätten jedenfalls geglaubt, mit Kahr zu gehen. Was sie getan, sei also kein Verfassungsbruch und keine Verfassungsänderung, sondern ein legaler Akt.

Auf theoretische Erörterungen kann sich das Gericht nicht einlassen. So wie die Befugnis zur Ausübung der Staatsgewalt nicht durch deren rechtmäßigen Erwerb, sondern nur durch den tatsächlichen Besitz derselben bedingt ist *(Meyer, a. a. O., Seite 20 und Reichsgericht in Strafsachen, Band 56, Seite 266 und die dort zitierten weiteren Entscheidungen)*, so schützt § 81 RStGB die tatsächlich in Geltung befindliche Verfassung *(Olshausen, Kommentar zum RStGB, 10. Aufl., I. Band, Seite 378, Anm. 6, Abs. II)*. Die Frage, ob die Weimarer Reichsverfassung für Bayern auf gesetzmäßigem Wege zustandegekommen ist, ist deshalb belanglos. Denn daß sie in Bayern all die Jahre seit ihrer Entstehung in Geltung war, kann ernsthaft nicht bestritten werden.

Im übrigen kann auch ihr Rechtsbestand und ihre Rechtsgeltung in Bayern mit Erfolg nicht angefochten werden. Sie ist nicht das Werk der Revolutionäre von 1918, wie die Angeklagten meinen, sondern das Resultat einer Volksabstimmung, wie sie von Hitler verlangt wird. Denn die verfassunggebende Nationalversammlung war in Bayern und Reich von der Gesamtbevölkerung, der in den Verordnungen vom 12. November und 30. November 1918 das weitestgehende Wahlrecht eingeräumt war, gewählt.

Gleich unhaltbar ist die Meinung der Verteidigung, das bayerische Ministerium oder der Generalstaatskommissar hätten die Reichsverfassung samt der bayerischen Verfassung am 26. September 1923 oder in der Zeit von da bis zum 8./9. November 1923 außer Wirksamkeit gesetzt. Staatsrechtlich gründet sich die Errichtung des Generalstaatskommissariats auf das schon erwähnte Staatsnotrecht, von dem oben schon gesagt ist, daß es der Staatsgewalt gestattet, in gewissen Zeitpunkten gegen die bestehenden Gesetze und gegen die Verfassung zu regieren *(Meyer a. a. O., Seite 23)*. Das Staatsnotrecht ist in Artikel 48 der Reichsverfassung und § 64 der bayerischen Verfassung ausdrücklich anerkannt. Es gab unter den in diesen Bestimmungen festgelegten Voraussetzungen dem Generalstaatskommissar die Befugnis, in den von ihm erlassenen Verordnungen Gesetze, sogar sogenannte Grundrechte vorübergehend außer Kraft zu setzen. Ob die Voraussetzungen zur Anwendung des Notrechtes gegeben und welche Maßnahmen zu ergreifen sind, hat die Staatsgewalt nach pflichtgemäßem Ermessen zu entscheiden. Nach § 64 der bayerischen Verfassung ist sie hierbei grundsätzlich an keine Schranken gebunden. Ob diese Schrankenlosigkeit für die bayerische Regierung auch gegenüber dem Reichsrecht gilt, ist hier nicht zu untersuchen, jedenfalls gibt auch Artikel 48 der Reichsverfassung ihr eine sehr umfassende Gewalt.

Es ist ein grundlegender Irrtum, wenn die Verteidigung meint, durch die Verhängung des Reichsausnahmezustandes sei der bayerische Ausnahmezustand aufgehoben und damit seien alle Maßnahmen des Generalstaatskommissariats rechtswidrig oder gar verfassungswidrig geworden. Artikel 48 der Reichsverfassung gibt sowohl dem Reichspräsidenten wie den Landesregierungen die Befugnis zum Treffen von Notmaßnahmen. Machen beide Organe hiervon Gebrauch, so übt auch die Landesregierung ebenso wie der Reichspräsident Reichsgewalt aus und schafft nicht Landes-, sondern Reichsrecht, weshalb der Grundsatz des Artikels 13 der Reichsverfassung, ‚Reichsrecht bricht Landrecht' nicht zur Anwendung kommt. Es bestehen in solchen Fällen beide Ausnahmezustände nebeneinander, natürlich nur, soweit sie sich nicht widersprechen.

Tatsächlich unrichtig ist, daß vor dem 8. November die volle Staatsgewalt in Bayern auf Kahr übergegangen war. Es amtierten sämtliche bayerischen Ministerien weiter. Es bestand nach wie vor die Reichsgewalt. Ob Kahr die Ministerien hätte absetzen, den Landtag am Zusammentritt verhindern und sich der Reichsgewalt hätte entziehen können, ist eine müßige Frage. Denn es kann kein Mensch wissen, welche Widerstände sich ihm für den Fall, daß er die Reichs- und Landesgewalt an sich hätte reißen wollen, entgegengestellt hätten, ob insbesondere die bayerische Reichswehr und Landespolizei mit ihm gegangen wäre und wie sich die Reichsexekution *(Artikel 48 Absatz I Reichsverfassung)* gestaltet hätte.

Auf alle Fälle hätte Kahr das, was er angeblich gekonnt hätte, nicht tun dürfen, denn es wäre Verfassungsbruch gewesen.

Es ist weiter unzutreffend, daß Kahr alle oder nahezu alle in der Reichsverfassung dem Reiche vorbehaltenen Rechte (genannt worden sind Justizhoheit, Finanzhoheit, Militärhoheit und Verkehrshoheit) an sich gebracht hatte. Die wenigen Maßnahmen, die er ergriff, bewegten sich, wie anzunehmen ist, nach seiner Meinung innerhalb der Grenzen des mehrfach erwähnten Staatsnotrechts und werden durch dieses, wie oben ausgeführt, gedeckt. Aber selbst wenn Kahr in dem einen oder anderem Falle bewußt die ihm gezogenen Grenzen überschritten hätte, so handelte es sich um einzelne Verfassungswidrigkeiten, aber nicht um Beseitigung der Verfassungen.

Aus diesen Ausführungen folgt unmittelbar die Unrichtigkeit des weiteren Verteidigungsvorbringens, das Unternehmen der Angeklagten sei ein legaler Akt gewesen, weil es von Herrn von Kahr ausgegangen sei. Verfassungsänderungen sind nur legale Akte, wenn sie auf verfassungsmäßigem Wege, also durch Gesetz, somit im Reich vom Reichstag und Reichsrat, in Bayern vom Landtag oder allenfalls durch Volksentscheidung im Sinne des § 10 der Bayerischen Verfassung beschlossen, nicht aber, wenn sie von einem Minister, dem Gesamtministerium oder einer mit ministeriellen Befugnissen ausgestatteten Person verfügt wurden. Selbst wenn, wie nicht, Kahr Inhaber der bayerischen Staatsgewalt gewesen wäre, so sollte man nicht erst zu sagen und durch juristische Deduktionen nachzuweisen brauchen, daß die Rechtsordnung, die die Reichsgewalt über die Staatsgewalt der einzelnen Länder gestellt hat, indem sie den Satz prägte, ‚Reichsrecht bricht Landrecht', und die Reichsexekution gegen ungehorsame Einzelstaaten vorsieht, und zwar nicht erst seit der Novemberrevolution 1918 – in beiden Punkten stimmt die Bismarcksche Verfassung mit der Weimarer überein – es nicht erlaubt und unmöglich erlauben kann, daß nun umgekehrt die bayerische Staatsgewalt die Repräsentanten der Reichsgewalt beseitigt und durch neue Männer ersetzt.

In der breitesten Öffentlichkeit spielt die Frage, ob Kahr, Lossow und Seißer tatsächlich mit den Angeklagten gegangen sind, oder, wie die Öffentlichkeit die Frage formuliert, ob die von den drei Herren im Bürgerbräukeller-Saal abgegebene Erklärung ernst gemeint war und die drei erst später umgefallen sind und das den Angeklagten gegebene Wort gebrochen haben, eine viel größere Rolle wie die Entscheidung über die Schuld oder Nichtschuld der Angeklagten. Das Gericht muß es sich, so wünschenswert die Klärung der Frage für das öffentliche Leben auch wäre, versagen, die Frage auch nur in extenso[39] zu erörtern, weil sie für seine Entscheidung bedeutungslos ist und weil im Laufe des Prozesses die Angeklagten gegen Kahr, Lossow und Seißer Anzeige wegen Hochverrats eingereicht haben, die Frage also von der Staatsanwaltschaft und gegebenenfalls von den zuständigen Beschwerdeinstanzen zu entscheiden ist, deren Entschließung nicht vorgegriffen werden darf.[40]

Am Schlusse dieser Ausführungen ist aber doch darauf hinzuweisen, daß die Angeklagten jedenfalls nicht berechtigt sind, zu sagen, sie seien mit Kahr gegangen, sondern bestenfalls umgekehrt. Denn daß sie und nicht Kahr, Lossow und Seißer am 8. November abends die Initiative ergriffen haben, kann doch nicht zweifelhaft sein.

Tatbestandsmerkmal „Gewalt"

Nun erhebt sich die Frage, ob das Unternehmen auf eine gewaltsame Verfassungsänderung abzielte. Nach Olshausen a. a. O., Band I, Seite 379, fallen unter den Begriff Gewalt auch Drohungen, wenn sie als Hintergrund die physische Gewalt selbst haben. ‚Das Unternehmen muß im letzten Augenblick der Entscheidung eine durch physische Gewalt zu bewirkende Umwälzung der Staatsverfassung bezwecken.'

In diesem Sinn war Gewaltanwendung zweifellos beabsichtigt. ‚Die Aufgabe ist, mit der ganzen Kraft dieses Landes und der herbeigezogenen Kraft aller deutschen Gaue den Vormarsch anzutreten in das Sündenbabel in Berlin.' So verkündete Hitler von der Tribüne des Bürgerbräukellers. In der Hauptverhandlung erklärte Pöhner, es sei selbstverständlich das Vortragen brachialer Kräfte nach Berlin in Aussicht genommen gewesen. Von anderer Seite ist gesagt worden, bayerische Fäuste hätten in Berlin Ordnung schaffen sollen. Es lag jedoch auch auf der Hand, daß sich die bisherige Regierung, die einen großen Volksteil, vor allem, wie die Angeklagten annehmen, die Marxisten, also eine der größten politischen Parteien im Lande, hinter sich hatte, nicht kampflos ergeben werde. Die angebliche Hoffnung einzelner Angeklagter, daß der Vormarsch kampflos vor sich gehen werde, weil das ganze Volk ihnen zulaufe, war grundlos. Daß die Angeklagten wirklich Widerstand erwarteten und denselben zu brechen entschlossen waren, ergibt sich außer (aus) den schon mitgeteilten Äußerungen Hitlers und der schriftlichen Erklärung Webers vom 20. November 1923, die gleichfalls oben wiedergegeben ist, aus folgendem Satz in dem Verhör Kriebels vom 16. Januar 1924: ‚Ich gewann aus der Mitteilung Hitlers den Eindruck, daß zwischen Hitler und Lossow volle Einigkeit bestehe über die Notwendigkeit, daß der Vormarsch angetreten werde zum Zwecke, die auch von Bayern aus als nicht national angesehene Regierung Stresemann zu stürzen und ein nationales Direktorium in Berlin zu errichten. Es bestand nach diesen Äußerungen für mich nicht der geringste Zweifel, daß der Staatsstreich als solcher, auch der mit Gewalt, das heißt also, der Hochverrat von Lossow ebensowenig gescheut würde wie von Kahr und Seißer, und daß lediglich die Frage der Durchführung des Zeitpunktes und der notwendigen vorherigen Abmachung Differenzpunkte bildeten.' Da die Angeklagten nach ihrer strikten Behauptung dasselbe wollten wie Kahr, Lossow und Seißer, bedeutete also auch ihr Unternehmen einen Gewaltstreich.

Daß Gewalt tatsächlich bereits angewandt worden ist, gehört nicht zum gesetzlichen Tatbestand des Hochverrats.

Übrigens ist auch dieses Merkmal in der geschehen Verhaftung der Minister und Polizeibeamten sowie in den militärischen Widerständen, die der Reichswehr und Landespolizei geleistet worden sind (es braucht nur auf die Besetzung der Isarbrücken, des Isarsteilhanges und des Wehrkreiskommandos erinnert zu werden) gegeben.

Bleibt also die Untersuchung der Frage, ob durch die von den Angeklagten vorgenommene Handlung das Unternehmen unmittelbar zur Ausführung gebracht werden sollte. Jedenfalls war durch die im Bürgerbräukeller erklärte Ab- und Neueinsetzung der Regierungen der Anfang gemacht. Was die bayerische Regierung anlangt, so war auch durch die Verhaftung etwa der Hälfte aller Minister ein bedeutsamer Schritt zur Vollendung geschehen. Tatsächlich war es im Gegensatz zu der von einigen Angeklagten im Vorverfahren aufgestellten Behauptung, der Staatsstreich sei geglückt gewesen, sie könnten deshalb nach dem Rechtssatz, daß nur der mißglückte Hochverrat strafbar, der vollendete dagegen straffrei sei, nicht verfolgt werden, noch ein weiter Weg, bis die Angeklagten wirklich die Reichs- und Staatsgewalt im Besitz gehabt hätten.

In diesem Zusammenhang ist auf die Äußerung Pöhners bei der Besprechung mit der Presse in der Polizeidirektion in der Nacht vom 8./9. November 1923 zu verweisen, die dahin ging, daß man erst am Anfang der Entwicklung stehe und abwarten müsse, was weiter komme. Ob sich in Preußen das Weitere so einfach abspielen werde, wisse er nicht. Es könnten schwere Konflikte kommen. Das war richtig. Die Behauptung, der Staatsstreich sei geglückt gewesen, übrigens auch die Meinung, der geglückte Hochverrat sei keine strafbare Handlung, ist falsch. Richtig ist aber weiter, daß der Staatsstreich aus dem Bereich der Vorbereitungshandlungen bereits herausgetreten und zum Versuch gediehen war, dessen Vollendung letzten Endes weniger vom Willen der Angeklagten, wie von dem von der Gegenseite

Abb. 9: SPD-Stadtrat und Gastwirt Kaspar Dott am Vormittag des 9. November 1923 in der Hand der schwerbewaffneten Hitler-Putschisten, die ihn und weitere Stadträte mit brutaler Gewalt während der Stadtratsitzung aus dem Rathaus entführt hatten.

geleisteten Widerstand abhängig war. Mochten bis zum Beginn des Vormarsches nach Berlin noch Wochen oder Monate vergehen; der Stein war ins Rollen gebracht; ein Zurück gab es nicht mehr; die Ausführung hatte begonnen.

Objektiv ist also der Tatbestand der §§ 81 Ziff. 2, 82 RStGB gegeben.

Was den Einwand der Angeklagten, es habe sich, weil Kahr mit von der Partie gewesen sei, um einen legalen Akt, mindestens um einen vermeintlich legalen Akt gehandelt, auf alle Fälle habe ihnen das Bewußtsein der Rechtswidrigkeit gefehlt, in subjektiver Hinsicht anlangt, so gesteht das Gericht den Angeklagten zu, daß sie mit Ausnahme von Pernet und Wagner, die sich um diese Dinge bis zum 8. November kaum viel gekümmert haben werden, und von Ludendorff, der, wie noch zu erörtern sein wird, eine Sonderstellung einnimmt, bis kurz vor dem 8. November der Meinung waren, auch Kahr, Lossow und Seißer beabsichtigten einen Marsch nach Berlin. Es mag auch sein, daß sie hofften, wenn sie ihrerseits mit dem Beginn des Marsches ernst machten, würden sie die drei wieder auf ihre Seite bringen. Und es unterliegt keinem Zweifel, daß sie nach den Vorgängen auf der Tribüne und im Nebenzimmer des Bürgerbräukellers davon überzeugt waren, daß die drei nun ins Gedeih und Verderb mit ihnen gingen. Denn es war ja gerade die Absicht Kahrs, Lossows und Seißers, sie in diesen Glauben zu versetzen. Eine Absicht der Angeklagten, gegen den ernstlichen Willen Kahrs, Lossows und Seißers zu handeln, hat sicher niemals bestanden.[41]

Objektiv ist all das, wie bereits oben ausgeführt, bedeutungslos, auch die Frage, um welche Stunde ihnen die Erkenntnis gekommen ist, daß Kahr, Lossow und Seißer gegen sie seien. Auch hier nimmt das Gericht an, daß sie trotz der Mitteilung Leupolds nicht klar sahen, denn es war immerhin nicht ausgeschlossen, daß ihnen Lossow nicht seine wahre, sondern die ihm von seinen Unterführern aufgenötigte Stellungnahme zu erkennen gegeben hatte.

Daß aus alldem mindestens Hitler nicht das Bewußtsein von der Legalität seines Handelns geschöpft hatte, geht aus seiner am ersten Verhandlungstag gegebenen Schilderung von den Vorgängen im Nebenzimmer hervor. Er führte dort aus: ‚Ich habe gesagt (zu Kahr, Seißer und Lossow): Ein Zurückgehen gibt es jetzt nicht mehr. Auch Sie gehen mit der ganzen Sache zugrunde, wobei ich voraussah, daß sie mit uns ins Gefängnis kommen würden, wenn die Sache zugrunde ging.'

Nach der Ausführung oben sind also Hitler, Weber, Kriebel und Pöhner als Mittäter, Brückner, Frick, Röhm und Pernet als

Gehilfen gemäß §§ 81, 82, 47, 49 RStGB zu bestrafen (Der Angeklagte Wagner ist hier offensichtlich vergessen worden, d. V.).

Notwehr?

Auch die Berufung auf Notwehr ist verfehlt. Der Verteidiger Dr. Gademann hat die Notwehr damit zu begründen versucht, daß die Reichsregierung das deutsche Volk mindestens fahrlässig dem Untergang entgegenführe, und Justizrat Schramm glaubt, daß deshalb der Fall der Staatsnotwehr vorgelegen habe, weil die Angeklagten das Hinabgleiten des Staates in den Abgrund hätten verhüten wollen.

Angreifer müßte sonach die Reichsregierung, Angegriffener der Staat oder das deutsche Volk gewesen sein. Nun haben zwar die Angeklagten im Laufe der Verhandlung eine ganze Reihe von Regierungsmaßnahmen genannt, durch die das deutsche Volk an den Rand des Abgrundes gebracht worden sein soll, so die katastrophale Ruhrpolitik, die Aufgabe deutschen Gebietes in Schlesien und die unglückliche Hand in der Währungsfrage. Allein das alles gehörte ja, soweit darin positive Handlungen zu erblicken sind, am 8. November bereits der Vergangenheit an, und gegen etwas Vergangenes gibt es keine Notwehr. Man scheint auch nur sagen zu wollen, daß die Notwehr sich gegen den Mangel an zielbewußter Führung der Staatsgeschäfte gerichtet habe. Es mag sein, daß auch einer rechtswidrigen Unterlassung gegenüber die Möglichkeit der Notwehr gegeben sein kann. Allein von rechtswidriger Unterlassung kann man doch nur sprechen, wenn eine Rechtsform (soll wohl „Rechtsnorm" heißen, d. V.) ein bestimmtes Handeln vorschreibt. Wie die Regierungsgeschäfte zu führen sind, ist aber lediglich Sache der politischen oder staatsmännischen Einsicht und nicht Gegenstand von Rechtsvorschriften. Von einem von der Reichsregierung ausgehenden rechtswidrigen Angriff gegen irgendwen ist also keine Rede. Wirkliche Notwehr kommt nicht in Frage. Auch vermeintliche nicht. Denn der angeblichen Unterlassung gegenüber hätte sich der vermeintliche Notwehrakt doch in der Richtung bewegen müssen, daß man die Reichsregierung zur Ergreifung der nach der Meinung der Angeklagten erforderlichen Maßnahmen veranlaßte. Geschehen ist aber etwas ganz anderes. Die Angeklagten haben die Regierung abgesetzt, also am Handeln überhaupt verhindern wollen. In der Neubestellung einer Reichsregierung kann erst recht kein Notwehrakt erblickt werden, denn nach Absetzung der bisherigen Regierung gab es schlechthin niemand, von dem der nach § 53

Abb. 10: Heinrich Himmler (+) am Morgen des 9. November 1923 vor dem Bayerischen Kriegsministerium, auf dem bereits die schwarz-weiß-rote Kriegsflagge aufgezogen war.

RStGB erforderliche Angriff, gegen den die vermeintliche Abwehrhandlung, also die Errichtung der nationalen Regierung, gerichtet war, hätte ausgehen können.

Auch von dem Gesichtspunkte des Notstandes aus läßt sich das Unternehmen der Angeklagten nicht rechtfertigen, schon deshalb nicht, weil der hier allein in Betracht kommende strafrechtliche Begriff des Notstandes nach § 54 RStGB das Notstandsrecht auf die Abwehr einer gegenwärtigen Gefahr für Leib und Leben des Täters oder eines Angehörigen (also nicht des Staates oder der Volksgenossen) beschränkt.

Mildernde Umstände

Auch das Gericht ist zu der Überzeugung gelangt, daß die Angeklagten bei ihrem Tun von rein vaterländischem Geiste und dem edelsten selbstlosen Willen geleitet waren. Alle Angeklagten, die in die Verhältnisse genauen Einblick hatten – und die übrigen ließen sich von den Mitangeklagten als ihren Führern und völkischen Vertrauensmännern leiten – glaubten nach bestem Wissen und Gewissen, daß sie zur Rettung des Vaterlandes handeln müßten und daß sie dasselbe täten, was kurz zuvor noch die Absicht der leitenden bayerischen Männer gewesen war. Das rechtfertigt ihr Vorhaben nicht, aber es gibt den Schlüssel zum Verständnis ihres Tuns. Seit Monaten, ja Jahren waren sie darauf eingestellt, daß der Hochverrat[42] von 1918 durch eine befreiende Tat wieder wettgemacht werden müßte. Ihren offen dahinzielenden Bestrebungen ist, wie die Staatsanwaltschaft schon angedeutet hat, nicht mit der nötigen Entschiedenheit entgegengetreten worden. So kam es zu einer Entwicklung der Dinge, die die Tat gebären mußte, weil die einmal gerufenen Geister sich nicht mehr bannen ließen. Darauf war von Hitler selbst wiederholt hingewiesen worden. Das Gericht kann deshalb auch nicht annehmen, daß der Überfall im Bürgerbräukeller einen bewußten Wortbruch seitens eines der Angeklagten bedeutet. Auch hierin geht es mit der Staatsanwaltschaft einig.[43]

Eine Stellungnahme zu der Frage, ob das Gelingen des Unternehmens wirklich die befreiende Tat gewesen wäre, für die die Angeklagten sie hielten, muß sich das Gericht versagen. Die Antwort läßt sich nur aus einer bestimmten politischen Einstellung heraus und deshalb allgemeingültig überhaupt nicht finden. Jedenfalls glaubten die Angeklagten durch die erwartete Mitwirkung von Reichswehr und Landespolizei das Unternehmen genügend stark militärisch fundiert und erhofften, sobald in Bayern der Stein ins Rollen gekommen, das Aufflammen der Bewegung auch in den übrigen Teilen des Reiches sowie den Anschluß der außerbayerischen vaterländischen Verbände und der außerbayerischen Reichswehr an das Unternehmen. Anhaltspunkte dafür, daß mit außerbayerischen vaterländischen Verbänden entsprechende Beziehungen angeknüpft waren, hat die Hauptverhandlung nicht ergeben.

Beklagenswert sind die sichtbaren Folgen der Tat, der Tod und die Verwundung einer Reihe vaterlandsbegeisterter Männer.[44] Das Gericht will sich nicht darüber äußern, ob wohl das Unheil verhütet worden wäre, wenn Generalstaatskommissar von Kahr dem am 7. November geäußerten Wunsche Hitlers um Gewährung einer Unterredung oder der um die gleiche Zeit gegebenen Anregung des Kommerzienrats Zentz zu einer Aussprache zwischen Hitler und Kahr unter vier Augen nach der Bürgerbräukeller-Rede Kahrs entsprochen hätte, oder wenn dem Verlangen Hitlers zur Mitwirkung ein bestimmtes „Nein" der drei Herren von Kahr, von Lossow und von Seißer entgegengesetzt worden wäre, oder wenn den von den Angeklagten in der Nacht vom 9. November unternommenen wiederholten Versuchen zur Klärung der Lage auch nur das geringste Entgegenkommen gezeigt worden wäre.

All den aufgeführten Strafmilderungsgründen stehen aber auch gewichtige Straferschwerungsgründe gegenüber. Die weitere Durchführung des Unternehmens hätte die Gefahr eines Bürgerkrieges heraufbeschworen, schwere Störungen des wirtschaftlichen Lebens des gesamten Volkes und vermutlich auch außerpolitische (sic!) Verwicklungen herbeigeführt.

Bei Abwägung aller dieser Umstände sind den Angeklagten mildernde Umstände zugebilligt worden. Die an sich schon vom Gesetze sehr reichlich bemessene niederste Strafgrenze von fünf Jahren Festungshaft für die Haupttäter bildet eine ausreichende Sühne ihres Verschuldens. Die Tat der Gehilfen war eine verhältnismäßig so untergeordnete, daß auch hier die geringstzulässigen Strafen von einem Jahr drei Monaten Festungshaft am Platze erscheinen.

Nach § 9 Absatz I des Republikschutzgesetzes vom 21. Juli 1922 mußte neben den Freiheitsstrafen auf Geldstrafen in der für angemessen erachteten Höhe von M 200 – zweihundert – bzw. M 100 – einhundert – Goldmark erkannt werden. Im Uneinbringlichkeitsfalle tritt an Stelle von je zehn Goldmark ein Tag Festungshaft.[45]

Die Anrechnung der Untersuchungshaft ist nach § 60 RStGB erfolgt.

Zu einem Ausspruch im Sinne des § 81 Abs. II (richtig „III", d. V.) RStGB bestand keine Veranlassung.

Keine Ausweisung

Hitler ist Deutschösterreicher. Er betrachtet sich als Deutschen. Auf einen Mann, der so deutsch denkt und fühlt wie Hitler, der freiwillig viereinhalb Jahre lang im deutschen Heere Kriegsdienste geleistet, der sich durch hervorragende Tapferkeit vor dem Feinde hohe Kriegsauszeichnungen erworben hat, verwundet und sonst an der Gesundheit beschädigt und vom Militär in die Kontrolle des Bezirkskommandos München I entlassen worden ist, kann nach Auffassung des Gerichts die Vorschrift des § 9 Abs. II des Republikschutzgesetzes ihrem Sinn und ihrer Zweckbestimmung nach keine Anwendung finden.

Im Kostenpunkt ist nach § 496 ff. StPO erkannt.[46]

Aus all den oben aufgeführten, zugunsten der Verurteilten sprechenden Gründen hat das Gericht die Bewilligung von Bewährungsfristen in dem Umfang für angezeigt erachtet, wie er aus den mit dem Urteil verkündeten Beschluß ersichtlich ist.

Da die Bewährungsfristen für Brückner, Röhm und Frick sofort in Kraft treten, waren die gegen sie bestehenden Haftanordnungen aufzuheben.

Neithardt"

5. Rechtsprofessoren kritisieren das Hitler-Urteil

Von den Zuhörern im Gerichtssaal und der vor dem Gerichtsgebäude wartenden Menge wurde das Urteil mit lautem Jubel aufgenommen. Das Triumvirat Kahr – Lossow – Seißer hatte an Ansehen gewaltig verloren. Immer wieder war der Spottvers zu hören:

„Kahr, Lossow, Seißer
sind drei Hosenscheißer.
Was um 10 Uhr sagt der Kahr,
ist um 11 Uhr nicht mehr wahr."

Der 9. November 1923, ein Freitag, wurde in hitlerfreundlichen Kreisen „Kahr-Freitag" genannt.

In der Presse jedoch fand das Urteil stärkste Kritik und Ablehnung.[47] Auch von Juristen ist es entschieden kritisiert worden.

Eine klare und mutige Analyse hat die Deutsche Juristen-Zeitung aus der Feder des bekannten Heidelberger Strafrechtsprofessors *Alexander Graf zu Dohna* (1876 bis 1944) gebracht.[48] Dohna rügt zwar nicht alle, aber doch einige gewichtige Fehler und Unzulänglichkeiten des Urteils:

Zur Strafhöhe:

„Bei unvoreingenommener Betrachtung stellt sich der Fall nicht als ein solcher dar, auf den das Minimum der gesetzlichen Strafdrohung Anwendung finden durfte. ... Es wird nicht verkannt werden können, daß die effektiven Strafgrößen, soweit solche nach den Intensionen des Gerichts überhaupt noch zum Vollzug gelangen sollen, nicht den erforderlichen Nachdruck besitzen, um der Staatsordnung den Schutz zu gewähren, den sie beanspruchen darf und leider noch so dringend benötigt."

Zur Zuständigkeit des Volksgerichts:

„Die bayerische Regierung hat durch verfassungswidrigen Eingriff in die Rechtspflege die Zuständigkeit des Münchener Volksgerichts erst künstlich begründet." „... Man mag nun aber über die Verträglichkeit dieser Einrichtungen (nämlich der Volksgerichte, d. V.) mit der Reichsverfassung denken wie man will, ganz außer Zweifel steht, daß das Gesetz zum Schutze der Republik diese Gerichte von aller Zuständigkeit in Hochverratssachen ausgeschlossen hat." Den Staatsgerichtshof gerade in dieser Sache auszuschließen, sei „auch politisch ein großer Fehler" gewesen.

Zur Ausweisung Hitlers:

„Das Gericht hat die materiell-rechtlichen Vorschriften des Republikschutzgesetzes für verbindlich erachtet und dessen § 9 Absatz 1 auch tatsächlich angewandt, nicht aber Absatz 2 (der die Ausweisung ausländischer Hochverräter vorschreibt, d. V.), obwohl derselbe richterlichem Ermessen keinen Spielraum läßt. Das ist nicht mehr Justiz, das ist Willkür."

Zur Bewährungsfrist:

„Und wenn es Angeklagten, die sich ihrer Tat offen berühmen und deren Wiederholung unverblümt ankündigen, Strafnachlaß gewährt oder in Aussicht stellt für den Fall ihrer Bewährung, so verkennt es den Sinn dieser Einrichtung ebenso wie den Sinn der Angeklagten, die nach ihrer ganzen Einstellung diese Zumutung geradezu als Kränkung empfinden müssen. Es übersieht, daß die Strafe hier nicht bessernde, sondern sichernde Funktion zu erfüllen hat. Dann aber bildete die oppositionelle Grundstimmung der Angeklagten einen Strafverschwerungsgrund und mußte als solcher auch von einem Richter gewertet werden, der jene Grundstimmung teilt. Nur wer im Richterspruch sich selbst überwinden gelernt hat, taugt als Werkzeug der Gerechtigkeit."

Dohnas kritischer Blick sieht auch die Kraft- und Entschlußlosigkeit der damaligen bayerischen Politiker:

„Es darf nicht verschwiegen werden, daß in erster Linie für die Aufrechterhaltung der Staatsautorität verantwortliche Persönlichkeiten, die einstweilen als Zeugen im Prozeß fungierten, schwere Schuld dadurch auf sich geladen haben, daß sie den ihnen bekannten, seit Monaten offen zur Schau getragenen revolutionären Bestrebungen der Kampfverbände nicht rechtzeitig und nicht mit der nötigen Entschiedenheit entgegengetreten sind."

Der angesehene jüdische Rechtsanwalt *Max Hachenburg* (*1860 in Mannheim, †1951 in Berkeley in Kalifornien) wies in einer längeren Besprechung[49] auf einen besonders wunden Punkt der Urteilsbegründung hin:

Es erscheine merkwürdig, „daß man dem Vaterlande in seiner Not beisteht, indem man in fremde Gebäude eindringt, dort haust, ärger als es im Krieg im Feindeslande geschah, und sich dann die vaterländische Gesinnung bescheinigen läßt. Gewöhnlich hilft man durch Aufbauen und nicht durch Zerstören, durch Achtung vor dem Gesetz und nicht durch seine Verletzung."

III. Vorzeitige Entlassung Hitlers „auf Bewährung wegen guter Führung"

Landsberg am Lech, schon 1160 erstmals urkundlich als Stadt erwähnt, heute eine malerische bayerische Kreisstadt, eine knappe Autostunde westlich von München, beherbergt außer einem Amtsgericht, dem Dominikanerkloster, der spätgotischen Pfarrkirche und dem vielbewunderten Renaissance-Rathaus von Dominicus Zimmermann mit den Piloty-Fresken auch ein Gefängnis.

Dort saß nun der bisherige Untersuchungshäftling Hitler als rechtskräftig zu fünf Jahren Festungshaft verurteilter Hochverräter. Es ging ihm recht gut. „Festungshaft" war die mildeste Form der gerichtlichen Freiheitsentziehung. Sie soll zum Ausdruck bringen, daß es sich um einen ehrenhaften Gefangenen handelt. Ein Festungshäftling braucht keine Anstaltskleidung zu tragen, er kann ungestört mit den übrigen Festungshäftlingen sprechen, kann sich selbst verpflegen, Besuche empfangen und Briefe schreiben. Auf das Zimmer, das Hitler bewohnte (es lag im Anbau, in der sogenannten Festung), weisen bei Stadtführungen Fremdenführer oder Reiseleiter heute noch mit bedeutsamen Mienen und Worten hin. Auf die Zelle, in der Pater Rupert Mayer in derselben Haftanstalt 1938 seine Gefängnisstrafe verbüßen mußte, weist niemand hin.

Hitler sann natürlich darauf, möglichst bald entlassen zu werden. Seine Verlogenheit und Verstellungskunst kamen ihm auch dabei zuhilfe. Die Befugnis zur endgültigen Bewilligung der im Urteil in Aussicht gestellten Bewährungsfrist lag weiterhin beim Gericht. Eine solche Bewährungsfrist durfte verständlicherweise, wie die Gnadenbekanntmachung vom 5. März 1922 in § 14 bestimmt, „nur Verurteilten bewilligt werden, die nach ihren persönlichen Verhältnissen und nach den Umständen der Tat besondere Berücksichtigung verdienen und die Erwartung rechtfertigen, daß sie sich auch ohne die ganze oder teilweise Vollstreckung der Strafe künftig wohlverhalten werden. Bei der Entscheidung ist besonders zu berücksichtigen, ob der Verurteilte sich nach Kräften bemüht hat, den durch die Tat entstandenen Schaden wiedergutzumachen."

Weiter heißt es in dieser Gnadenbekanntmachung: „Das Gericht kann, wenn es aus besonderen Gründen angezeigt ist, ... die Bewährungsfrist verlängern. Führt sich der Verurteilte während der Bewährungsfrist schlecht oder handelt er den ihm auferlegten besonderen Verpflichtungen zuwider, so kann das Gericht die Bewilligung der Bewährungsfrist widerrufen; die Strafe ist dann unverzüglich zu vollstrecken."

Von einer guten Führung Hitlers, vor allem davon, daß „der Verurteilte sich künftig wohlverhalten werde", kann nun keine Rede sein. Hitler hat durch herausgeschmuggelte Briefe die Verbindung mit seinen Kampfgruppen aufrechterhalten, er hat während seiner 14monatigen Haft beinahe täglich mehrere Besuche alter Kampfgenossen empfangen, die Besuchsliste weist allein etwa 500 Namen solcher Besucher auf. Seine schon in der Hauptverhandlung immer wieder lautstark bekundete Absicht, den Kampf gegen die Weimarer Verfassung und die „Novemberverbrecher" rücksichtslos weiterzuführen, hat er auch schriftlich bekundet; sein Programmbuch „Mein Kampf", das er noch während der Festungshaft verfaßte, enthält zum Beispiel folgenden schrecklichen Satz: „Im übrigen ist ... meine Stellungnahme die, ... daß einst ein deutscher Nationalgerichtshof etliche Zehntausend der organisierenden und damit verantwortlichen Verbrecher des Novemberverrats und alles dessen, was dazugehört, abzuurteilen und hinzurichten hat."[50]

Daß Hitler dennoch Bewährungsfrist bekam und schon am 20. Dezember 1924, also gut acht Monate nach seiner Verurteilung, wieder entlassen wurde, ist eine Fehlleistung der bayerischen Justiz, deren weltgeschichtliche Folgen nur wenige geahnt haben dürften. Bei aller Zurückhaltung mit Vermutungen, wie „Was wäre geschehen, wenn ...", darf man doch annehmen, daß die deutsche Geschichte ein wenig anders und nicht so sinnlos, brutal und blutig verlaufen wäre, wenn Hitler seine ohnehin viel zu milde Strafe bis 1928 hätte absitzen müssen.

Wie Hitler, obwohl die Voraussetzungen dafür nicht vorlagen, dennoch zu einer solchen Entlassung auf Bewährung kam, sollen die folgenden Dokumente zeigen: Warnende Anträge von Polizei und Staatsanwaltschaft, widerspruchsvolle Berichte des Haftanstaltdirektors, die unbegreiflichen Fehlentscheidungen des Landgerichts München I und des Bayerischen Obersten Landesgerichts. Dazu die beschwörenden Hinweise des von Wilhelm Hoegner erarbeiteten 1631 Seiten umfassenden Landtagsausschußberichtes.

Am 30. September 1924 waren die sechs Monate vorbei, nach deren Ablauf das Urteil des Volksgerichts „Bewährungsfrist für den Strafrest in Aussicht gestellt" hatte. Besonders die Hitler-Anhänger ließen diese Frage nicht zur Ruhe kommen. Das zeigt eine Notiz bei den staatsanwaltschaftlichen Akten. Sie berichtet auch über eine zunächst eingelegte Beschwerde der Staatsanwaltschaft gegen den Bewährungsbeschluß des Volksgerichts vom 1. April 1924. Dabei ist die Interpretation von Bedeutung, die das Volksgericht seinem Beschluß gibt: Keine sofortige Bewährungsentscheidung, sondern lediglich Vorbehalt einer späteren Entscheidung.

Diese aufschlußreiche (undatierte) Notiz[51] lautet:

„Immer wieder wird an die Staatsanwaltschaft die Frage gerichtet, ob es nunmehr endgültig feststeht, daß Hitler, Pöhner, Kriebel und Weber nach Verbüßung von nur 6 Monaten ihrer fünfjährigen Festungshaftstrafen für die ganzen dann noch bestehenden Strafreste Bewährungsfristen erhalten. Hierzu ist folgendes zu bemerken:

Das erkennende Gericht hat den Verurteilten Hitler, Pöhner, Weber und Kriebel durch seinen Beschluß vom 1.4.24 ‚nach Verbüßung eines weiteren Strafteils von je 6 Monaten Festungshaft Bewährungsfristen für die Strafreste in Aussicht gestellt'. Die Staatsanwaltschaft legte gegen diesen Beschluß Beschwerde ein, weil ihr die sofortige Bewilligung von Bewährungsfristen mit Rücksicht auf die Schwere der Straftaten nicht angezeigt schien und weil sie die Fassung des Beschlusses für unklar erachtete. Die Beschwerde wurde zunächst vorschriftsgemäß dem Volksgericht München I zugeleitet zur Stellungnahme, ob der Beschwerde abgeholfen wird, zugleich mit dem Ersuchen um grundsätzliche Äußerung zu dem Beschluß vom 1.4.24.

Das Volksgericht München I erklärte daraufhin in einem Beschluß vom 22.4.24: Durch seinen Beschluß vom 1.4.24 habe es bei den vier Haupttätern nicht sogleich eine endgültige Entscheidung über die Frage der Bewilligung von Bewährungsfristen treffen wollen, es habe aber die Empfindung gehabt, ‚daß die erkannten 5 Jahre Festungshaft, obwohl gesetzliches Mindestmaß, doch eine zu schwere Sühne für die Tat seien', und habe deshalb geglaubt, dafür sorgen zu müssen, daß in sechs Monaten von Amts wegen und unter allen Umständen das dann zuständige Gericht sich über die Bewährungsfrist-Frage schlüssig zu machen habe.

Hiernach hätte also nach dem Willen des Volksgerichts München I die Strafkammer seinerzeit ohne jede sachliche Bindung durch den Beschluß des erkennenden Gerichts vom 1.4.24 darüber zu entscheiden, ob bei den Verurteilten die nach den Begnadigungsvorschriften notwendigen Voraussetzungen für die Bewilligung von Bewährungsfristen überhaupt vorliegen und ob und von wann ab etwa Bewährungsfristen bewilligt werden sollen.

Mit Rücksicht auf diese grundlegende Auslegung des Beschlusses vom 1.4.24 durch das Volksgericht selbst wurde die Beschwerde zurückgezogen."

Demzufolge haben sich nun die Behörden mit der Frage befaßt, ob Hitlers Gesamtverhalten die Zubilligung einer Bewährungsfrist und die damit verbundene vorzeitige Entlassung rechtfertige. Polizei und Staatsanwaltschaft waren strikt gegen einen solchen Gnadenakt. In schier unvorstellbarer Kurzsichtigkeit und Fehlbeurteilung haben aber die Gerichte schließlich die vorzeitige Entlassung auf Bewährung verfügt.

1. 23. September 1924. Münchner Polizeidirektion: Vorzeitige Entlassung Hitlers wäre eine „ständige Gefahr für die Sicherheit des Staates"

In einem ausführlichen Bericht warnt der stellvertretende Münchener Polizeipräsident, Oberregierungsrat Friedrich Tenner, am 23. September 1924 dringend vor einer solchen vorzeitigen Entlassung Hitlers. In diesem Bericht heißt es:[52]

„Die Polizeidirektion hat schon mit Bericht vom 8. Mai 1924 ihrer Meinung dahin Ausdruck gegeben, daß nach dem Temperamente und der Energie, mit der Hitler seine politischen Ziele verfolgt, bestimmt anzunehmen sei, daß er dieses Ziel auch nach seiner Entlassung aus der Strafhaft nicht aufgeben und daß er eine ständige Gefahr für die innere und äußere Sicherheit des Staates bilden wird. Bis heute sind keine Umstände bekannt geworden, die die Polizeidirektion zu einer Änderung ihrer damaligen Ansicht bestimmt hätten. Es sind vielmehr Tatsachen zutagegetreten, die diese Ansicht auch jetzt noch als richtig und begründet erscheinen lassen.
Schon während des Prozesses haben die drei Angeklagten (Hitler, Kriebel und Dr. Weber) wiederholt erklärt, daß sie sich nach der Wiedererlangung der Freiheit sofort wieder für die nationalsozialistische Bewegung einsetzen und im gleichen Sinne weiterarbeiten werden. Die Beilagen ..., die anläßlich der Durchsuchung der Geschäftsräume des Frontbannes am 16. September 1924 gefunden wurden, liefern den deutlichen Beweis, daß der Neuaufbau der aufgelösten Kampfverbände (Organisation des Frontbannes, des Schützen- und Wanderbundes usw. und ihre Beziehungen zueinander) unter der geistigen Leitung dieser drei Personen vor sich geht und die wichtigsten Entscheidungen und Beschlüsse, welche von den in Landsberg befindlichen Führern Weber, Hitler und Kriebel gefaßt werden, für die stellvertretenden Führer bindend sind.
Bei dieser Sachlage ... kann eine Entlassung mit Bewährungsfrist wohl nicht in Frage kommen. Sollte freilich wider Erwarten das Gericht Bewährungsfrist bewilligen, so ist es aus den angeführten Gründen unerläßlich, Hitler als die Seele der ganzen völkischen Bewegung auszuweisen, um so die unmittelbare Gefahr für den bayerischen Staat zu bannen."

Plastisch schildert der Polizeibericht, was man nach einer Freilassung Hitlers zu erwarten habe:

Hitler werde „seine politische Tätigkeit wieder aufnehmen und die Hoffnung der Völkischen, daß es nur ihm gelingen würde, den Zwist und die Führerstreitigkeiten innerhalb der Kampfverbände zu beseitigen, wird sich erfüllen. Hitlers Einfluß auf alle völkisch Gesinnten – er ist heute mehr denn je die Seele der ganzen Bewegung – wird die rückläufige Entwicklung der völkischen Bewegung nicht nur aufhalten, sondern die jetzt abgesplitterten Teile sammeln und große Massen bereits abgefallener und noch abseits stehender Anhänger seiner Idee der NSDAP zuführen. Um das zu erreichen, wird sich die Versammlungstätigkeit naturgemäß neu beleben, Demonstrationen wie vor dem Putsch werden abgehalten und Ausschreitungen, wie sie noch in lebhafter Erinnerung sind, sind sicher zu erwarten. Hitler wird auch den rücksichtslosen Kampf mit der Regierung wieder aufnehmen und vor Gesetzesverletzungen nicht zurückschrecken, auch wenn er den Widerruf der Bewährungsfrist zu erwarten hat. Dabei ist es gleichgültig, ob er, wie verlautet, seinen Aufenthalt nach der Entlassung in Berlin oder im Mecklenburgischen nehmen wird, oder ob er in München bleibt ..."

Zur Verdeutlichung verweist der Polizeibericht auf nationalsozialistische Protestversammlungen:

„In der Notiz der ‚Münchener Post' Nr. 210 vom 10. September 1924 ‚Völkisches Großdeutschland oder jüdisches Sowjetparadies' wird u. a. behauptet, Arthur Dinter habe bei einer nationalsozialistischen Versammlung im Löwenbräukeller am 9. September 1924 geäußert: ‚Wir wollen mit unserem Leben dafür einstehen, daß Hitler frei wird.' Es ist heute nicht mehr möglich, die Ausführungen Dinters mit unbedingter Sicherheit wiederzugeben. Die betreffende Stelle im Versammlungsbericht des ‚Völkischen Kuriers' lautet: ‚Wir verlangen, daß dieser Mann (Hitler) uns wiedergegeben wird und am ersten Tag seiner Freilassung die NSDAP wieder aufwachen darf. Dafür setzen wir unser Leben ein.' Der Berichterstatter der Nachrichtenabteilung führt aus: ‚Dinter schloß seine Ausführungen ungefähr in dem Sinn, daß die Völkischen hoffen, daß mit der Freigabe der Führer wieder die alte Bewegung wieder freigegeben wird und daß ein jeder dann selbst sein Leben für Hitler und seine Bewegung hingeben müsse.'

Bis jetzt ist Positives über eine beabsichtigte Befreiung Hitlers und seiner Genossen nicht bekannt geworden.

Ob nun Hitler und seine Genossen frei werden oder weiterhin

festgehalten werden: Aufgabe des Staates ist es, früher oder später einsetzende Ordnungsstörungen, die in beiden Fällen mit Sicherheit zu erwarten sind, mit den vorhandenen Machtmitteln rücksichtslos zu unterdrücken. Das ist um so leichter möglich, wenn die in der Neubildung begriffenen militärischen Kampfverbände: Frontbann, Schützen- und Wanderbund, Werwolf, zerschlagen und ihre Organisatoren und Führer mit aller Strenge zur Verantwortung gezogen werden."

2. 23. September 1924. Die Staatsanwaltschaft warnt: Keine Bewährungsfrist bewilligen!

Am gleichen 23. September 1924 warnt auch die Staatsanwaltschaft in einem mehrseitigen Schreiben an den Vorsitzenden der nach Auflösung der Volksgerichte für die Bewährungsfrage zuständig gewordenen III. Strafkammer beim Landgericht München I vor einer vorzeitigen Entlassung Hitlers:[52]

„Meines Erachtens kann den drei genannten Verurteilten eine Bewährungsfrist nicht, zum mindesten jetzt noch nicht bewilligt oder für irgendeinen bestimmten Zeitpunkt endgültig in Aussicht gestellt werden, aus folgenden Gründen:
Die Tat vom 8./9. November 1923 war sehr schwer. Sie brachte dem bayerischen Staat und dem deutschen Reich große innen- und außerpolitische Gefahren, verursachte durch die notwendige Gegenwehr erhebliche finanzielle Opfer und hatte außerdem den Verlust einer größeren Anzahl von Menschenleben zur Folge.
Die Verurteilten haben insbesondere ihr Unternehmen noch zu einer Zeit, als sie bereits sicher wußten, daß es zusammengebrochen war, ungeachtet der als sicher erwarteten Folgen hartnäckig fortgesetzt. So hat Hitler nicht nur am Morgen des 9. November 1923 noch die bekannten gewaltsamen Geldbeschlagnahmen bei Parcus und Mühlthaler befohlen, er hat auch am 9. November 1923 vormittags zwischen 7 und 8 Uhr den Max Neunzert nach Berchtesgaden mit dem Auftrag geschickt, er solle den Kronprinzen Rupprecht um seine Vermittlung bitten, damit die bevorstehende Gefahr des bewaffneten Zusammenstoßes und des Blutvergießens beseitigt werde. Daraus geht klar hervor, daß Hitler und mit ihm natürlich auch die beiden anderen Verurteilten einen bewaffneten Zusammenstoß mit den verfassungsmäßigen staatli-

chen Machtmitteln und Blutvergießen hierbei voraussahen; trotzdem haben sie nichts getan, um sich der rechtmäßigen staatlichen Gewalt zu unterwerfen, ja sie haben es nicht einmal für notwendig gehalten, wenigstens in Ruhe das Ergebnis der Sendung Neunzerts abzuwarten; im Gegenteil, sie haben den bewaffneten Zug in die Stadt geführt, haben zum mindesten geduldet, wenn nicht selber angeordnet, daß schon an der Ludwigsbrücke ein gewaltsamer Angriff gegen die Landespolizei unternommen wurde und haben tatsächlich von ihrem Unternehmen erst gelassen, als der gewaltsame Widerstand des Zuges gewaltsam gebrochen war."

Mit dieser Zusammenfassung der kriminellen Einzelheiten des Hitlerschen Unternehmens zeigt der Staatsanwalt, wie die Sachverhaltsdarstellung des Urteils eigentlich hätte aussehen müssen.

„Hitler wurde vom Volksgericht München I am 12. Januar 1922 wegen Landfriedensbruchs zu einer Gefängnisstrafe von drei Monaten verurteilt. Er hat von dieser Strafe einen Monat verbüßt, für den Strafrest wurde ihm eine Bewährungsfrist bis zum 1. März 1926 bewilligt. Auf den Antrag der Staatsanwaltschaft, diese Bewährungsfrist zu widerrufen, hat das Volksgericht München I die Entscheidung mit Beschluß vom 2. Mai 1924 ausgesetzt. Die einschlägigen Akten liegen bei. Der Antrag auf Widerruf dieser Bewährungsfrist wird ausdrücklich aufrechterhalten."

Diese Bewährungsfristsituation hatte schon das Volksgericht pflichtwidrig überhaupt nicht erörtert. Trotz der Anträge der Staatsanwaltschaft haben sich die Richter auch weiterhin darüber einfach hinweggesetzt oder diese Anträge ohne weitere Begründung abgelehnt.

„Hitler war außerdem ebenso wie Kriebel an dem Unternehmen vom 1. Mai 1923 (bewaffneter Aufmarsch auf dem Oberwiesenfeld, d. V.) führend beteiligt. Beide waren lange vor dem 8./9. November 1923 wegen ihres damaligen Verhaltens als Beschuldigte vernommen, sie wußten, daß sie wegen ihres Verhaltens vom 1. Mai 1923 strafrechtlich verfolgt wurden und mit einer Bestrafung zu rechnen hatten. Beide ließen sich dadurch nicht von ihrer Tat vom 8./9. November 1923 abhalten; ja die Tat vom 8./9. November 1923 ist letzten Endes nichts anderes als die verstärkte Fortsetzung der Tat vom 1. Mai 1923. Diese Umstände allein beweisen schon, wie hartnäckig die beiden Verurteilten auf ihr Ziel zugestrebt haben, und daß keine noch so ernste Warnung sie an ihrem staatsgefährlichen Tun hat hindern können.

Keiner der drei Verurteilten hat bisher auch nur den leisesten Versuch gemacht, für die durch sein Unternehmen verursachten Schäden einzustehen und Ersatz zu leisten.

Die Verurteilten haben sich nicht nur zu ihrer Tat bekannt, sie haben durch ihr Verhalten während des Prozesses ebenso wie vorher und nachher und durch klare nicht mißzuverstehende Worte sich ihrer Tat gerühmt und haben gezeigt, daß sie sich durch nichts werden abhalten lassen, ihre Tat so bald wie möglich zu wiederholen, und daß sie nichts unversucht lassen wollen, die bestehende Verfassung mit allen Mitteln zu beseitigen und sich unter Ausschaltung der überwiegenden Mehrheit des deutschen Volkes gewaltsam in den Besitz der Regierungsmacht zu setzen.

Von einer Abkehr von den staatsgefährlichen Absichten kann bei den Verurteilten keine Rede sein. Daß sich die Verurteilten sofort wieder in die politische Tätigkeit stürzen werden, ist unzweifelhaft; daß diese politische Tätigkeit keine Abkehr vom 8./9. November 1923 bringen wird, ist nach der Persönlichkeit der Verurteilten ebenso sicher. Übrigens hat der Mitverurteilte Brückner das schon unmittelbar nach der Urteilsverkündung noch im Sitzungssaal in Anwesenheit des II. Staatsanwalts Dr. Ehard unter lebhafter Zustimmung der übrigen Angeklagten sehr deutlich ausgesprochen, indem er fanatisch und trotzig zugleich ausrief: ‚Nun erst recht! Nun gerade erst recht!' Und daß dieses außerordentlich staatsgefährliche, ja staatsvernichtende Treiben der Verurteilten unmittelbar nach Beendigung des Hitler-Prozesses wieder aufgenommen und noch weiter ausgebildet wurde, beweisen mit voller Sicherheit die erst in den letzten Tagen eingeleiteten Erhebungen in dem Strafverfahren gegen Röhm und Genossen wegen Vergehens gegen das Republikschutzgesetz. Schon die bisher vorliegenden Erhebungen liefern den unwiderlegbaren Beweis dafür, daß genau dieselben Personen in genau derselben staatsfeindlichen Weise auch jetzt wieder tätig sind wie im November 1923. Ich nehme Bezug auf das Beilagenheft ‚Frontbann'. Es ergibt sich daraus insbesondere auch, daß Hitler, Weber und Kriebel um dieses Treiben wußten, es billigten, daran mitarbeiteten und entschlossen sind, die ihnen freigelassenen Führerstellen sofort nach ihrer Entlassung wieder einzunehmen. Welche große Gefahren für die öffentliche Ruhe, Ordnung und Sicherheit durch die Freilassung der in ihre Führerstellung zurückkehrenden Verurteilten gerade in jetzigem Zeitpunkt heraufbeschworen werden, braucht nach alledem wohl kaum mehr ausgeführt zu werden.

Nach den Umständen der Tat und den persönlichen Verhältnissen der Verurteilten erscheint es mir ausgeschlossen, den Verurteilten zum mindesten jetzt schon nach so außerordentlich kurzer Zeit eine Bewährungsfrist zu bewilligen. Der Gesetzgeber hat mit Vorbedacht für den Hochverräter auch bei allermildester Beurteilung seiner Tat eine Mindeststrafe von fünf Jahren Festungshaft vorgeschrieben, ausgehend von der Erwägung, daß der Hochverräter im Interesse der Erhaltung und der Sicherheit des Staates *längere* Zeit unschädlich gemacht und ihm für *längere* Zeit die Möglichkeit genommen werden muß, die Fäden seiner staatsgefährlichen Bestrebungen schon nach kurzer Unterbrechung wieder mühelos aufzunehmen und weiterzuspinnen.

Diese sämtlichen Umstände wird das Gericht bei seiner Beschlußfassung zu würdigen haben, denn es kann sich jetzt nur darum handeln, festzustellen, ob aufgrund der Vorschriften des § 14 der Bekm. vom 5. März 1922 den Verurteilten eine Bewährungsfrist bewilligt werden darf.

§ 20 setzt „*gute Führung während der Strafvollstreckung*' voraus. Danach genügt es nicht, daß der Verurteilte sich am Strafort hausordnungsgemäß führt. Es wird vielmehr verlangt, daß er sich durch eine allgemeine gute Führung auszeichnet, d. h. daß er durch seine Gesamtführung zu erkennen gibt, daß er sich auch ohne die ganze Vollstreckung der Strafe künftig wohlverhalten werde. Eine andere Auslegung widerspricht dem Sinne und Zwecke der Vorschriften über bedingte Begnadigung, denn sonst müßte z. B. ein Gefangener, der sich hausordnungsgemäß führt, aber zu erkennen gibt, daß es ihm darum zu tun ist, durch seine hausordnungsmäße Führung möglichst bald sich die Freiheit zu verdienen, um neue Straftaten zu begehen, im Falle des § 20 auch die Bewährungsfrist bewilligt erhalten. Eine gute Führung, wie sie der § 20 im Zusammenhalt mit dem § 14 a. a. O. verlangt, haben Hitler, Kriebel und Weber *nicht* bewiesen.

Wie sich aus dem Beilagenheft ‚Frontbann' ergibt, haben die drei die ihnen gewährten außergewöhnlichen Freiheiten, insbesondere die Besuchsfreiheit ohne Überwachung, dazu mißbraucht, die Verbände, die sie am 8. und 9. November 1923 zu ihrem hochverräterischen Unternehmen benützt hatten, neu zu organisieren. Sie haben dies getan, obwohl sie wußten, daß diese Verbände wegen der Teilnahme an dem hochverräterischen Unternehmen verboten worden waren.

Das vorliegende Material beweist, daß die Verurteilten sich während der Zeit der Strafvollstreckung nicht so geführt haben, daß die Erwartung gerechtfertigt wäre, sie würden sich auch ohne die ganze Vollstreckung künftig wohlverhalten.

Ich beantrage deshalb, die Bewilligung einer Bewährungsfrist abzulehnen.
23. 9. 24
Der Erste Staatsanwalt
für den Landgerichtsbezirk München I
Stenglein"

Deutlicher kann man es nicht sagen. Es bleibt einfach unverständlich, warum die Gerichte dieser überzeugenden Argumentation nicht gefolgt sind. Das konnte nur „politische" Gründe haben.

3. Herausgeschmuggelte Briefe

Als Beispiel für die von der Polizei und vom Staatsanwalt erkannte Hartnäckigkeit, mit der Hitler und seine Genossen ihre verfassungsfeindlichen Absichten weiterverfolgten, seien die herausgeschmuggelten Briefe erwähnt. Ihre (hier nicht mit abgedruckten) ausführlichen Texte befassen sich immer wieder mit der Frage, wie die verbotenen Kampfverbände weitergeführt werden können.

Die folgende Dokumentenauswahl zeigt die Umständlichkeit, aber auch die behördliche Harmlosigkeit, mit der dieser Briefschmuggel behandelt und beurteilt wurde. Es beginnt mit einer handschriftlichen Anfrage Staatsanwalt Stengleins vom 19. September 1924 an die Verwaltung der Festungshaftanstalt in Landsberg:

„Ich ersuche um Mitteilung, ob abschriftlich beiliegender Brief durch die Zensur gegangen ist. Verneinendenfalls ersuche ich festzustellen, auf welchem Wege Kriebel den Brief hinausgeschmuggelt hat."[52]

Offenbar hatte man es eilig. Anstaltsdirektor Leybold antwortet, ebenfalls handschriftlich, bereits am 20. September 1924:[52]

„Der Brief an Röhm wurde nicht der Zensurstelle vorgelegt. Er trägt den Datum Landsberg. 10. 7. 24. An diesem Tag war Frau Oberstleutnant Kriebel hier, um ihren Mann in der Festungsstube

(Besuchszimmer) zu sprechen. Die Festungshaftgefangenen Kriebel, Hitler und Dr. Weber haben im Laufe des Monats April 1924 von Herrn Ministerialrat Dr. Kühlewein im Staatsministerium der Justiz bei einer Besichtigung in der Festung die Erlaubnis erhalten, ihre nächsten Angehörigen ohne Aufsicht bei Besuch zu sprechen. Die drei Genannten hatten die Versicherung gegeben, daß sie diese Vergünstigung in keiner Weise mißbrauchen werden. Es ist kein Zweifel, daß Oberstleutnant Kriebel den Brief seiner Frau mitgegeben hat. Es liegt ein offener Mißbrauch des ihm von Herrn Ministerialrat Dr. K. geschenkten Vertrauens vor. Ich habe schon vor einigen Tagen im Einverständnis mit Herrn Ministerialrat Dr. Kühlewein verfügt, daß die Besuche eingeschränkt und bei Kriebel, Hitler und Dr. Weber kein Besuch ohne Aufsicht zugelassen werde."

Tags darauf, am 21. September, ergänzt Direktor Leybold seinen Bericht mit dem Hinweis auf weitere herausgeschmuggelte Briefe:[52]

„Die beiden Briefe an Direktor Werlin und an Frau Mathilde Weber, beide in München, sind, ohne vorher der Anstaltszensur vorgelegt worden zu sein, am Sonntagnachmittag 14. Sept. 1924 von dem Sohn Wolfram Kriebel aus der Anstalt mitgenommen worden, damit sie sicher noch am Montag die Adressaten erreichen können. Beide Briefe waren zur Vorlage an die Zensur bestimmt und sind deshalb mit je 1 Briefmarke zu 10 Pfennig beklebt. Wären die Briefe zur Durchsicht vorgelegt worden, so wären sie wahrscheinlich erst am Dienstag in die Hand der Adressaten gelangt; sie wären von der Zensur nicht beanstandet worden, da der Inhalt vom Standpunkt der Dienstaufsicht einwandfrei ist.

Hitler hatte ein Interesse an der raschen Beförderung des Briefes, weil Direktor Werlin wegen eines Benz-Wagens für Hitler am Montag nach Mannheim fahren oder schreiben wollte. Weber wollte seiner Frau den brieflichen Gruß noch am Montag zustellen, weil sich das Ehepaar Weber an diesem Tag 10 Jahre vorher verlobt habe. Kriebel Wolfram mit seiner kleinen Schwester hatte die Erlaubnis, am Sonntag, 14. September, seinen Vater zu besuchen, ohne daß ein Aufsichtsbeamter ständig im Besuchszimmer anwesend war. Oberstleutnant a. D. Kriebel hat im Einverständnis mit Hitler und Dr. Weber die Gelegenheit benützt, die zwei Briefe dem Sohn Wolfram zur Beförderung mitzugeben.

Die beiden Briefe werden von mir beanstandet und von der Beförderung ausgeschlossen. Besuche werden beschränkt und ohne Aufsicht nicht mehr gestattet."

Am 26. September 1924 berichtet Leybold „durch Eilboten" noch einmal ausführlich über das Briefschmuggelproblem, ohne diese verwirrenden Machenschaften restlos aufklären zu können:[52]

„Der Brief des Dr. Weber an Hauptmann Röhm vom 6. Juni 1924 dürfte durch die Zensur gegangen sein. Dr. Weber behauptet es mit aller Bestimmtheit. Das Gegenteil kann nicht erwiesen werden, da der Originalbrief samt Umschlag nicht vorliegt.
Zu dem Inhalt dieses Briefes vom 6. Juni 1924 geben Hitler, Dr. Weber und Kriebel heute die beiliegende *(im Anschluß an diesen Text abgedruckte)* Erklärung ab. Nach den hier geführten Besuchsaufzeichnungen war am 31. Mai vormittags Hauptmann a. D. Röhm, nachmittags General Ludendorff hier zu Besuch in der Festung. Bei dieser Gelegenheit ist der Entwurf und Gegenentwurf besprochen worden. Der Besuch Röhms fand unter Aufsicht eines Anstaltsbeamten, der Besuch Ludendorffs ohne Aufsicht statt. Daß General Ludendorff die Notizen eines Gegenentwurfes aus der Anstalt mitgenommen hat, entzog sich der Kenntnis der Anstaltsleitung.
Der Brief des Dr. Weber an Röhm vom 21. August 1924 kann durch die Zensur gegangen sein. Dr. Weber behauptet es mit Bestimmtheit. Das Gegenteil ist sehr wahrscheinlich, kann aber bei der außerordentlich großen Zahl der ein- und ausgehenden Briefe nicht festgestellt werden, da nicht der Originalbrief samt Umschlag, sondern nur eine Abschrift vorliegt.
Der Brief des Dr. Weber an Röhm vom 24. August 1924 ist nicht durch die Zensur gegangen, sondern von dem Schwiegervater des Dr. Weber (Lehmann), der am gleichen Tage seinen Schwiegersohn ohne Aufsicht hier sprechen durfte, mitgenommen worden. Dr. Weber muß es zugeben. Der in dem Brief erwähnte Onkel ist General Ludendorff.
Der Brief des Dr. Weber an Röhm vom 7. September 1924 ist nicht durch die Zensur gegangen. An diesem Tage durfte Rainer Kriebel seinen Vater ohne Aufsicht hier in der Festung besuchen. Bei dieser Gelegenheit hat Kriebel junior den Brief des Dr. Weber mitgenommen. Dr. Weber gibt das zu mit dem Befügen, er habe eine zufällige Begegnung mit Rainer Kriebel benützt, ihm ohne Beteiligung des Vaters Kriebel den Brief zur Beförderung zu übergeben.
Die Feststellungen sind erschwert, weil, wie schon erwähnt, nicht die Originalbriefe, sondern nur Abschriften vorliegen und weil während den Urlaubszeiten mehrere Beamte im Wechsel mit der Briefaufsicht befaßt waren.

Kriebel und Dr. Weber haben das ihnen geschenkte Vertrauen, die Besuchserlaubnis ohne Aufsicht nicht zu mißbrauchen, getäuscht; denn sie haben nicht in einem Falle, sondern in mehreren Fällen Briefe absichtlich der Zensurstelle vorenthalten und teils durch Angehörige des Kriebel, teils durch Angehörige des Dr. Weber aus der Anstalt befördert. Es liegt bei beiden ein Vertrauensmißbrauch erheblichen Grades vor, so daß ich meine uneingeschränkte Anerkennung des tadellosen Gesamtverhaltens der Festungsgefangenen Kriebel und Dr. Weber, wie ich sie in meinem Bericht vom 15. dieses Monats, betreffend die Bewilligung einer Bewährungsfrist, ausgesprochen habe, einschränken muß. *(Diesen Bericht vom 15. September konnte ich in den Unterlagen nicht finden, d. V.)*

Mit Rücksicht auf die festgestellten Ordnungswidrigkeiten im Brief- und Besuchsverkehr werde ich dem Kriebel und Dr. Weber die Erlaubnis, Besuche in der Festung zu empfangen, bis auf weiters entziehen."

4. Hitler verspricht schriftlich: Niederlegung der politischen Führung, keine Einflußnahme mehr auf „Wehrorganisationen"

Unter dem 26. September 1924 findet sich in den Akten die „Erklärung" mit den Unterschriften Hitlers, Dr. Webers und Kriebels, von der Leybold berichtet hat. Sie soll vorspiegeln (und hat offenbar auf das Gericht ihren Eindruck nicht verfehlt), daß Hitler die Führung der Kampfverbände „niedergelegt" habe und seine „Ablehnung, in die Wehrorganisation einzugreifen, selbstverständlich" sei. Er sei überhaupt nicht unterrichtet über die Errichtung, Organisation und Führerbesetzung eines „Frontbannes" und habe nicht einmal durch Ratschläge Einfluß darauf ausgeübt.

Hier der Wortlaut dieses ebenso umständlichen wie unglaubwürdigen Dokumentes:[52]

Erklärung

Bis zur Niederlegung der politischen Führung durch Hitler – tatsächlich erfolgt erste Hälfte Juni, veröffentlicht am 7. Juli 1924 –

Abb. 11: Propagandafoto von Adolf Hitler als Häftling vor den vergitterten Fenstern der Festung Landsberg, wo er vom 11. November 1923 bis 20. Dezember 1924 inhaftiert war.

fanden gelegentlich der zahlreichen Besuche durch politisch tätige Bekannte (Abgeordnete usw.) dabei auch politische Gespräche statt. Herr Hitler hat als Führer der nationalsozialistischen Bewegung in Deutschland damals auch politische Entscheidungen getroffen. Dies hörte auf, nachdem Hitler die Führung niedergelegt und sich jeden weiteren Besuch verbeten hatte.

Gelegentlich eines Besuches durch Exz. Ludendorff und Hauptmann Röhm, wohl Ende Mai, wurde auch die Frage der Zusammenfassung der völkischen Jugend im Reiche in einen Wehrverband erörtert und uns dabei ein erster Entwurf eines sogenannten Frontbannes gezeigt. Dieser Entwurf fand nicht unsere Billigung. Wir lehnten die zentralistische Form ab und rieten, die einzelnen Verbände im Reiche, die auf völkischem Boden standen, nebeneinander zu gliedern und in Bayern nach Freigabe der bis jetzt noch verbotenen Verbände das gleiche zu tun. Oberstleutnant Kriebel legte in einigen Sätzen unsere Ansicht schriftlich nieder und übergab sie Exz. Ludendorff, wahrscheinlich bei seinem Besuch am 31. Mai nachmittags. Wir erfuhren bald darauf, daß unbeschadet unserer Einwendungen geplant sei, die Organisation des Frontbannes im ganzen Reich nach dem ersten Röhmschen Entwurf durchzuführen. Darauf erklärte Oberstleutnant Kriebel, daß er jede Mitwirkung dabei ablehne und es Hauptmann Röhm überlasse, die Organisation in seinem Sinne zu versuchen. Im Verfolg dieser Erklärung hat Oberstleutnant Kriebel jede Anfrage über Frontbann und überhaupt Wehrangelegenheiten an Hauptmann Röhm verwiesen.

Für Hitler war nach seiner Niederlegung der politischen Führung auch die Ablehnung, in die Wehrorganisation einzugreifen, selbstverständlich.

Wir erklären, daß wir weder über die nun tatsächlich erfolgte Gründung des Frontbannes, über seine innere Organisation, seine Führerbesetzung und seine Ziele unterrichtet worden sind, noch persönlich einen Einfluß, sei es auch nur durch Ratschläge, ausgeübt haben.

Wir sind bereit, diese unsere Erklärung eidlich zu erhärten.
Landsberg a. L., 26. September 1924.
Adolf Hitler   Dr. Fr. Weber   Hermann Kriebel
                                             Oberstleutnant"

An die Aufrichtigkeit einer solchen Erklärung konnten nur extrem naive Justizbeamte glauben. Die leicht zu erratenden wirklichen Zusammenhänge hat Hitlers einstiger Vertrauter, „Putzi" Hanfstaengl, in seinem Buch „15 Jahre mit Hitler. Zwischen weißem und braunem Haus" 1970 (in

Abb. 12: Adolf Hitler verläßt nach seiner vorzeitigen Entlassung am 20. Dezember 1924 die Festung Landsberg.

2. Auflage 1980) geschildert. Er berichtet von den Rivalitäten der Nazis, die ihn „an die Fabel von den Tieren erinnerte, die in Abwesenheit des Löwen beschlossen, welche Forderungen sie ihrem Gebieter bei seiner Rückkehr stellen wollen". Hanfstaengl schreibt dann (auf S. 162): „Ich zweifle nicht, daß ... aus dem vorsichtigen Wunsch, der Regierung keinen neuen Grund zur Ausweisung nach der Strafverbüßung zu geben, schließlich Hitlers vernünftiger Entschluß zustande kam, offiziell auf jede Funktion als Parteiführer zu verzichten. Daß er trotzdem und insgeheim nach wie vor die Finger im Spiel hatte, kann man sich denken."

5. 25. September 1924. Das Landgericht bewilligt Entlassung Hitlers auf Bewährung

Die weitere Behandlung der Bewährungsfrage gibt dem kritischen Betrachter ein, wie mir scheint, unlösbares Rätsel auf: Was wollten die verantwortlichen Politiker und ihre Justiz nun eigentlich? Bisher deutet doch alles darauf hin, daß sie Hitler möglichst glimpflich davonkommen lassen wollten. Daher hatte man sich schon 1923 geweigert, den Haftbefehl des Reichsgerichts zu vollstrecken und Hitler an den Staatsschutzsenat beim Reichsgericht in Leipzig zu überführen. Auch die Weigerung, die Ausweisung Hitlers wenigstens auf dem Verwaltungswege durchzuführen, paßt zu diesen Tendenzen. Man wollte wohl, so scheint es zumindest, Hitler irgendwie als Koalitionspartner gegen das „rote" Berlin und die SPD-Fraktion in Bayern gewinnen. Da hätte man nun doch eigentlich die Staatsanwaltschaft anweisen müssen, einer Begnadigung und vorzeitigen Entlassung Hitlers wenigstens nicht entgegenzutreten. Statt dessen beantragten Polizei und Staatsanwaltschaft mit ausführlichen und überzeugenden Argumenten die Ablehnung der Begnadigung Hitlers und der vorzeitigen Entlassung auf Bewährung. Die Gerichte hingegen gewährten Hitler Begnadigung und vorzeitige Haftentlassung, ja, sie setzten sogar noch die Bewährungsfrist herab.

Wie soll man das erklären? Waren die staatsanwaltschaftlichen Anträge nur ein taktisches Manöver, damit man dem Parlament und der Öffentlichkeit sagen konnte: „Wir haben keine Schuld an der Schonung der Hochverräter, das haben die unabhängigen Gerichte entschieden"?

Die (wirklich oder nur scheinbar?) so umstrittene Begnadigungsfrage entwickelte sich folgendermaßen weiter:

Das Gericht folgte den Anträgen und Ausführungen der Staatsanwaltschaft vom 23. September nicht. Bereits zwei Tage später, am Donnerstag dem 25. September 1924, genehmigte die III. Strafkammer beim Landgericht München I die Bewährungsfrist. Die Erklärung Hitlers und der Bericht Leybolds (beide tragen das Datum „26. September 1924") können an diesem Tag dem Gericht noch gar nicht vorgelegen haben. Der von Hitler und seinen Mittätern so lange erwartete und so hartnäckig beantragte Gerichtsbeschluß lautet:[52]

„I. Dem Schriftsteller Adolf Hitler und dem Oberstleutnant a. D. Hermann Kriebel wird mit Wirkung vom 1. Oktober 1924 an für den bis dahin noch nicht verbüßten Rest der am 1. April 1924 vom Volksgerichte München I gegen sie erkannten Festungshaftstrafen von fünf Jahren Strafunterbrechung und Bewährungsfrist von vier Jahren bewilligt.
II. Zum Widerruf der Bewährungsfrist, die Hitler in Ansehung eines Restes von zwei Monaten der am 12. Januar 1922 vom Volksgerichte München I gegen ihn erkannten Gefängnisstrafe von drei Monaten bewilligt worden ist, besteht kein Anlaß."

In der nur knapp eine Schreibmaschinenseite füllenden Begründung heißt es:[52]

„Das nunmehr zur Entscheidung berufene Gericht teilt die Ansicht, daß bei der Persönlichkeit der Verurteilten und den Beweggründen, die zu der Tat geführt haben, voraussichtlich die Verbüßung eines verhältnismäßig geringen Strafteiles eine genügende Sühne sein werde.

Die Führung der drei Verurteilten war nach dem Gutachten der Direktion der Festungshaftanstalt eine vorzügliche. Hitler und Kriebel haben einige Briefe – in der Hauptsache bedeutungslosen Inhalts – unter Umgehung der Zensur aus der Festungshaftanstalt gelangen lassen. Dieser kleine Verstoß gegen die Hausordnung fällt nicht weiter in das Gewicht.

In der Richtung gegen Hitler und Kriebel sind in der Zwischenzeit keine Tatsachen bekannt geworden, welche die Annahme rechtfertigen könnten, daß sie strafbare Bestrebungen verfolgt oder sich an solchen beteiligt haben. Insbesondere fehlt der Nachweis für das Bestehen von Beziehungen Hitlers und Kriebels zu dem neugegründeten Frontbann.

Den Verurteilten Hitler und Kriebel war aus den angeführten Gründen die in Aussicht gestellte Bewährungsfrist zu bewilligen.

Aus den gleichen Erwägungen, aus denen Hitler nunmehr Bewährungsfrist bewilligt worden ist, war der von der Staatsanwaltschaft beantragte Widerruf der für Hitler laufenden Bewährungsfrist abzulehnen.

Vollmuth	Lemberg	Heintz
Oberlandes-	stv. Landgerichts-	Oberlandes-
gerichtsdirektor	direktor	gerichtsrat"

6. 29. September 1924. Die Staatsanwaltschaft legt Beschwerde gegen die Bewilligung vorzeitiger Haftentlassung Hitlers ein

Gegen den überraschenden Bewährungsbewilligungs-Beschluß des Landgerichts erarbeitete die Staatsanwaltschaft über das Wochenende eine ausführliche Beschwerdeschrift für das Bayerische Oberste Landesgericht; sie wurde bereits am Montag, dem 29. September 1924, eingereicht; zur Begründung weist die Staatsanwaltschaft erneut auf die schlechte Führung, den Verdacht weiterer Vergehen und das Sicherheitsrisiko der Häftlinge hin. Sie schildert das recht detailliert folgendermaßen:[52]

„I. Die Führung der drei Verurteilten während der Festungshaft war keineswegs einwandfrei.

Sie haben das ihnen von der Verwaltung geschenkte besondere Vertrauen schwer mißbraucht durch Briefschmuggel. Neun

Schmuggelbriefe konnten bis jetzt schon festgestellt werden. Es besteht der dringende Verdacht, daß der Briefschmuggel ein sehr umfangreicher war und von den drei Verurteilten die Gelegenheit der unüberwachten Besuche weitgehendst ausgenützt wurde.

Der Inhalt der Schmuggel-Schriftstücke ist keineswegs bedeutungslosen Inhalts. Ich nehme Bezug auf die unter Ziffer II und III anzuführenden Briefe und auf die von den drei Verurteilten zugegebene Tatsache, daß der Gegenentwurf zum Röhmschen Frontbannentwurf durch Ludendorff hinausgeschmuggelt wurde.

II. Die drei Verurteilten sind dringend verdächtig, sich an der Fortführung und Neuorganisation der im Kampfbund vereinigten Verbände 1. SA (Sturmabteilungen) der NSDAP (Nationalsozialistische Deutsche Arbeiterpartei), 2. Oberland, 3. Reichskriegsflagge beteiligt zu haben, mit denen sie das hochverräterische Unternehmen vom 8. und 9. November 1923 durchgeführt haben.

Der Kampfbund und die in ihm zusammengeschlossenen vorgenannten Verbände wurden wegen des hochverräterischen Unternehmens vom 8. und 9. November 1923 durch Anordnung des Generalstaatskommissars vom 9. November 1923 verboten. Das Verbot besteht noch.

Der dringende Verdacht, sich an der Fortführung dieser verbotenen Verbände beteiligt zu haben, ergibt sich

a) aus den von Röhm am 24. Mai 1924 aufgestellten Richtlinien für die Neuorganisation der SA der NSDAP ‚Die Führung habe im Auftrag Hitlers in Vertretung zunächst ich übernommen'

b) aus dem vertraulichen Schreiben der Münchener Bundesleitung Oberland vom 16. Juli 1924, wonach Hitler mitbeschlossen hat, daß jeder Verband (nämlich der im Kampfbund zusammengeschlossenen Verbände) zunächst in seinen eigenen Reihen größtmöglichste Einheit und Geschlossenheit herzustellen hat

c) aus der von Hitler selbst zugegebenen Mitarbeit an der Aufstellung eines Gegenentwurfes zu dem Frontbann-Entwurf Röhms (siehe Hitlers Erklärung vom 26. September 1924)."

Es folgt nun eine Reihe von Briefzitaten aus anderen Akten, die sich alle mit komplizierten Neuorganisationen und Umorganisationen der Kampfverbände befassen.

Die staatsanwaltschaftliche Beschwerdeschrift fährt dann fort:

„III. Die Verurteilten sind weiter dringend verdächtig, an den Vorarbeiten für die Gründung des Frontbannes sich beteiligt zu haben.

1. Bezüglich des Charakters des Frontbannes ist zunächst auf die vorliegende Dienstvorschrift des Frontbanns zu verweisen, woraus sich ohne weiteres der Verdacht einer Verbindung nach § 128 RStGB ergibt. Schwerster Verdacht aber besteht, daß die wahren Ziele des Frontbannes die weitere Verfolgung der am 23. Januar 1923 (Fahnenweihe der SA), 1. Mai 1923 (bewaffneter Aufmarsch auf Oberwiesenfeld), 8./9. November 1923 (Hitlerputsch) in Erscheinung getretenen Pläne zur gewaltsamen Änderung der Verfassung oder zum mindesten zur Untergrabung der verfassungsmäßig festgestellten republikanischen Staatsform waren (§ 7 Abs. 1 Ziff. 4 des Republikschutz-Gesetzes).

2. Der Verdacht der Beteiligung der Verurteilten an den Vorarbeiten ergibt sich aus der von ihnen zugegebenen Tatsache, daß sie den Frontbann-Entwurf Röhms geprüft, einen Gegenentwurf ausgearbeitet und Veranlassung genommen haben, diesen Gegenentwurf durch Ludendorff aus der Festungshaftanstalt hinauszuschmuggeln.

Die Strafkammer hat in Richtung gegen Weber diesen Tatsachen wenigstens insoweit Rechnung getragen, als sie die Entscheidung über die Bewährungsfrist bis zur Beendigung des gegen Osswald und Genossen wegen Verfehlung gegen das Republikschutzgesetz eingeleiteten Verfahrens ausgesetzt hat. In Richtung gegen Hitler und Kriebel hat sie trotz Vorliegens der gleichen Verdachtsgründe eine andere Entscheidung getroffen.

Was aus den Urkunden gegen Weber herausgelesen werden muß, muß auch aus den Urkunden gegen Hitler und Kriebel herausgelesen werden und wird auch in Richtung gegen diese in den auf Grund des § 7 Ziff. 4 des Republikschutzgesetzes und der Verordnung des Generalstaatskommissars vom 9. November 1923 eingeleiteten Strafverfahren geklärt werden. Eine solche Klärung ist meines Erachtens aber gar nicht abzuwarten; es steht schon fest, daß die Voraussetzungen für Bewilligung einer Bewährungsfrist entsprechend der Bekanntmachung vom 5. März 1922 nicht gegeben sind.

Da meine Beschwerde sich gegen den Beschluß vom 25. November (richtig: September, d. V.) 1924 in seiner Gesamtheit richtet, wiederhole ich meine Anträge vom 23. September 1924 ...

    Der Erste Staatsanwalt
   für den Landgerichtsbezirk München I
      Stenglein"

7. 30. September 1924. Die Haftanstaltsdirektion beschäftigt sich erneut mit herausgeschmuggelten Briefen

Am 30. September 1924 bringt der Haftanstaltsdirektor Leybold ausdrücklich wieder Bedenken bezüglich der guten Führung Hitlers und seiner Genossen zu den Akten. Er schreibt an die Staatsanwaltschaft:[52]

„Für den Fall, daß weitere Schriftstücke in den Händen der Staatsanwaltschaft oder Polizeidirektion sind, von denen angenommen werden kann, daß sie aus der Anstalt geschmuggelt sind, wird gebeten, der Direktion die Urschriften mit den Briefumschlägen hierher zu senden. Wenn nur Auszüge oder Abschriften unter Weglassung von Unterschriften und Zwischensätzen hier vorliegen, so ist die Feststellung, was durch die Zensur oder nicht durch die Zensur gegangen ist, stark erschwert.

Wäre die hiesige Direktion, wenn auch nur vertraulich, schon früher auf den bei der Polizeidirektion bestehenden begründeten Verdacht, daß auch von seiten der hiesigen Festungshaftgefangenen die Weiterführung verbotener Verbände betrieben werden will, aufmerksam gemacht worden, so wären die mit der Briefaufsicht betrauten Beamten an manche Briefstelle kritischer herangetreten, als es bis vor kurzem veranlaßt schien.

Seit Ordnungswidrigkeiten bekannt geworden sind, wird kein Besuch mehr ohne Aufsicht gestattet und ist auch die Überwachung des Briefverkehrs entsprechend verschärft."

8. 6. Oktober 1924. Auch das Bayerische Oberste Landesgericht bewilligt Bewährungsfrist für Adolf Hitler

Den entscheidenden Durchbruch in dieser Bewährungsfrist- und Haftentlassungssache Hitler brachte der Beschluß des Bayerischen Obersten Landesgerichts vom 6. Oktober 1924, der die endgültige Haftentlassungsanordnung vom 19. Dezember 1924 vorbereitet. Er enthält völlig unlogische Argumentationen und ist in seiner sachfremden

Diktion ein schreiender Gegensatz zu der sonst so gerühmten Entscheidungstradition des obersten bayerischen Gerichtes, des einzigen Gerichts dieser Art in Deutschland. Dieses älteste deutsche Gericht amtiert seit 1625, und zwar aufgrund eines Privilegs, das Kaiser Ferdinand II. wenige Jahre vorher dem bayerischen Kurfürsten Maximilian erteilt hatte. Auf die weit zurückreichende Geschichte und die in ganz Deutschland hoch angesehene Rechtsprechung des Bayerischen Obersten Landesgerichtes war Bayern seit jeher stolz. Um so bedauerlicher ist diese folgenschwere Fehlentscheidung in der Bewährungssache Hitler. Ihre Bedeutung rechtfertigt es, sie ungekürzt im vollen Wortlaut hier wiederzugeben, auch soweit sie Hitler nicht unmittelbar betrifft:

„Beschw.-Reg. II Nr. 778/1924[52]

Beschluß

In der Strafsache gegen den Schriftsteller Adolf Hitler und Genossen wegen Hochverrats hat das Oberste Landesgericht, 2. Strafsenat, in der Sitzung vom 6. Oktober 1924 unter Mitwirkung des Senatspräsidenten Seeber und der Räte Christ und Haisermann auf die Beschwerden des Staatsanwalts vom 29. September 1924 und des Rechtsanwalts Dr. Holl als Verteidiger des Dr. med. vet. Friedrich Weber vom 3. Oktober 1924 gegen den Beschluß der 3. Strafkammer des Landgerichts München I vom 25. September 1924, betreffend die Gewährung von Bewährungsfristen für Adolf Hitler, Hermann Kriebel und Friedrich Weber,

beschlossen:

1. Die Beschwerde des Staatsanwalts wird *insoweit* verworfen, als sie darauf gerichtet ist, den Verurteilten Adolf Hitler, Hermann Kriebel und Friedrich Weber die Bewährungsfrist hinsichtlich des Restes der ihnen durch Urteil des Volksgerichts für den Landgerichtsbezirk München I vom 1. April 1924 zuerkannten Festungshaftstrafen im *gegenwärtigen* Zeitpunkt zu *versagen* und *jetzt* die Bewährungsfrist zu *widerrufen,* die dem Verurteilten Adolf Hitler hinsichtlich des Restes einer gegen ihn durch Urteil des nämlichen Gerichts vom 12. Januar 1922 wegen Landfriedensbruchs ausgesprochenen Gefängnisstrafe bewilligt worden ist.

2. Die Beschwerde des Verteidigers des Verurteilten Friedrich Weber wird verworfen.

3. In der Richtung gegen Adolf Hitler und Hermann Kriebel wird im übrigen die Entscheidung über die Beschwerde des Staatsanwalts ausgesetzt.

Gründe:

I. Das Volksgericht für den Landgerichtsbezirk München I hat am 1. April 1924 im Anschluß an das Urteil, wodurch die Angeklagten Adolf Hitler, Hermann Kriebel und Friedrich Weber wegen Hochverrats zu je 5 Jahren Festungshaft verurteilt wurden, einen Beschluß verkündet, wonach den Genannten ‚nach Verbüßung eines weiteren Strafteils von je 6 Monaten Festungshaft Bewährungsfrist für den Strafrest in Aussicht gestellt' wird.

In der Begründung des Urteils sind eingehend die zugunsten der Verurteilten sprechenden Umstände angeführt, aus denen ‚das Gericht die Bewilligung von Bewährungsfristen in dem Umfange für angezeigt erachtet' hat, ‚wie er aus dem mit dem Urteile verkündeten Beschlusse ersichtlich ist'.

Durch Beschluß der 3. Strafkammer des Landgerichts München I vom 25. September 1924 wurde den Verurteilten Adolf Hitler und Hermann Kriebel mit Wirkung vom 1. Oktober 1924 an für den bis dahin noch nicht verbüßten Rest der Festungsstrafe Strafunterbrechung und Bewährungsfrist von 4 Jahren bewilligt. Die Entscheidung darüber, ob auch dem Verurteilten Friedrich Weber in Ansehung der Festungsstrafe Bewährungsfrist zu bewilligen sei, wurde ‚bis zur Beendigung' des gegen Osswald und Genossen wegen Zuwiderhandlung gegen das Republikschutzgesetz eingeleiteten Verfahrens ausgesetzt.

Gegen diesen Beschluß hat der Staatsanwalt bei dem Landgerichte München I am 29. September 1924 Beschwerde eingelegt mit dem Antrag, ‚die Bewilligung einer Bewährungsfrist' für Hitler, Kriebel und Weber ‚abzulehnen', und den vorsorglichen weiteren Antrag, ‚die Entscheidung auch gegenüber Hitler und Kriebel bis zur genügenden Klärung des Sachverhalts in dem im Beschlusse des Landgerichts näher bezeichneten Strafverfahren auszusetzen'.

Mit Beschwerde vom 3. Oktober 1924 hat Rechtsanwalt Dr. Holl als Verteidiger des Verurteilten Weber den Antrag gestellt, ‚auch diesem Bewährungsfrist zu bewilligen'.

Adolf Hitler ist durch Urteil des Volksgerichts für den Landgerichtsbezirk München I vom 12. Januar 1922 wegen Landfriedensbruchs zu einer Gefängnisstrafe von 3 Monaten verurteilt worden. Er hat von der Strafe einen Monat verbüßt. Für den Rest wurde ihm Bewährungsfrist bis 1. März 1926 bewilligt. Den Antrag des Staatsanwalts, diese Bewährungsfrist zu widerrufen, hat die Strafkammer in dem Beschlusse vom 25. September 1924 abgelehnt. Auch hiergegen richtet sich die Beschwerde des Staatsanwalts vom 29. September 1924, worin der Antrag auf Widerruf jener Bewährungsfrist wiederholt worden ist.

II. Der Wortlaut des Beschlusses des erkennenden Volksgerichts vom 1. April 1924 läßt es zweifelhaft erscheinen, ob das Volksgericht den Verurteilten Hitler, Kriebel und Weber im Sinne des § 20 Abs. 1 Satz 1 der Bekanntmachung vom 5. März 1922 eine Bewährungsfrist für den Fall guter Führung während der Strafvollstreckung bewilligt hat oder ob es lediglich in Aussicht hat stellen wollen, daß nach Verbüßung von je 6 Monaten der Festungshaftstrafen die Frage der Zubilligung einer Bewährungsfrist für jene Verurteilten in Erwägung gezogen werden solle. Im Hinblick auf die Fassung der oben angeführten und bei der Verkündung des Urteils in Gegenwart der Verurteilten verlesenen Urteilsgründe, die für die Auslegung jenes Beschlusses von wesentlicher Bedeutung sind, eignet sich der Senat die ersterwähnte Auffassung an. Die Verurteilten selbst haben den Beschluß nach seinem Wortlaut und nach seiner Begründung im Urteil jedenfalls als Bewilligung einer Bewährungsfrist im Falle guter Führung während der Vollstreckung der ersten 6 Monate der Festungshaft auffassen können und haben ihn auch ersichtlich so aufgefaßt.

Es hat daher nunmehr ausschließlich darauf anzukommen, ob die Voraussetzung des § 20 Abs. 1 Satz 1 der angeführten Bekanntmachung gegeben ist, wobei selbstverständlich auch die Bestimmungen des § 14 Abs. 1 Satz 1 a. a. O. insofern zu berücksichtigen sind, als auch geprüft werden muß, ob die Verurteilten durch ihr Verhalten nach der Verurteilung und während des Strafvollzugs die Erwartung rechtfertigen, daß sie sich auch ohne die volle Vollstreckung der Strafe künftig wohlverhalten werden.

Da hierüber Zweifel bestehen, hat gemäß § 20 Abs. 1 Satz 4 a. a. O. das Gericht zu entscheiden.

Während nun noch am 15. September 1924 der Vorstand der Gefangenenanstalt und Festungshaftanstalt Landsberg in einem eingehenden Bericht an den Staatsanwalt uneingeschränkt zum Ausdruck gebracht hat, daß die Verurteilten Hitler, Kriebel und Weber nach ihrem Gesamtverhalten während des Strafvollzugs sich der Gewährung einer Bewährungsfrist würdig erwiesen haben, haben weitere Ermittlungen nun ergeben, daß die Verurteilten, insbesondere Kriebel und Weber, eine Anzahl von Schriftstücken, namentlich von Briefen, entgegen der DVO für die bayerischen Strafanstalten unter Umgehung der Zensur der Direktion der Festungshaftanstalt Landsberg aus der Anstalt hinausgeschmuggelt haben. Dieses Verhalten würde an sich – nämlich abgesehen vom Inhalt der Schriftstücke – nicht so schwerwiegend erscheinen, daß hierin allein ein Grund zur Versagung der Bewährungsfrist zu finden wäre.

Die Schriftstücke sind aber zum größten Teil politischen Inhalts und können sich, soweit sie dem Beschwerdegericht vorliegen, nach ihrem Inhalt wenigstens zum Teil auf verbotene politische Verbände und neugegründete, gegen bestehende Gesetze verstoßende Organisationen beziehen. Es sind mit den Anträgen des Staatsanwalts beschlagnahmte Schriftstücke vorgelegt worden, aus denen im Zusammenhalte mit den der Zensur entzogenen Briefen gegen die Verurteilten der Verdacht für Handlungen entnommen zu werden vermag, die nach den Vorschriften des StGB über Geheimbündelei oder den Bestimmungen des Republikschutzgesetzes oder der Verordnung des bayerischen Generalstaatskommissars vom 9./11. November 1923 strafbar sind.

Der *Staatsanwalt* führt in seiner Beschwerde unter Hinweis auf das Ergebnis der Beschlagnahmen in dem derzeit bei der Reichsanwaltschaft anhängigen Strafverfahren gegen Osswald und Genossen aus, daß gegen Hitler, Kriebel und Weber *dringender* Verdacht für strafbare Handlungen der bezeichneten Art vorliege.

Ob der geltendgemachte Verdacht gegen die Verurteilten *begründet* ist, kann in dem Verfahren über bedingte Begnadigung derzeit nicht geklärt werden. Hierzu ist vorerst nur das ordentliche Verfahren geeignet, das zunächst der zuständigen Strafverfolgungsbehörde obliegt, mag als solche der Oberreichsanwalt oder der Staatsanwalt für den Landgerichtsbezirk München I in Frage kommen. Nur der zuständigen Strafverfolgungsbehörde sind zunächst die gesamten Ermittlungen in der Strafsache gegen Osswald und Genossen zugänglich, zumal die Urschriften der meisten Schriftstücke, auf die der Staatsanwalt zur Rechtfertigung des von ihm behaupteten dringenden Verdachts verwiesen hat. Nur das ordentliche Strafverfahren bietet einerseits den Beschuldigten und ihren Verteidigern ausreichende Gelegenheit, sich über die aus den beschlagnahmten Urkunden abgeleiteten Verdachtsmomente zu äußern und hiegegen Stellung zu nehmen, andererseits der Staatsanwaltschaft die Möglichkeit, die Einwendungen der Beschuldigten durch weitere Ermittlungen zu widerlegen.

Dem Beschwerdegericht stehen bei dieser dermaligen Sachlage keine hinreichend sicheren Anhaltspunkte für eine Entscheidung darüber zur Verfügung, ob die Verurteilten die Voraussetzung des § 20 Abs. 1 der Bekanntmachung vom 5. März 1922 erfüllt haben oder nicht.

Es kann daher dem in erster Linie gestellten Antrag des Staatsanwalts, im gegenwärtigen Zeitpunkt den Verurteilten Hitler, Kriebel und Weber die Bewährungsfrist hinsichtlich der am

1. April 1924 gegen sie ausgesprochenen Strafen zu versagen, nicht stattgegeben werden. Es war deshalb schon jetzt die Beschwerde des Staatsanwalts insoweit in dem Umfang wie geschehen als unbegründet zu verwerfen.

Auch der Antrag, den Rechtsanwalt Dr. Holl für den Verurteilten Weber gestellt hat, ist, wie die obigen Ausführungen ergeben, nicht gerechtfertigt. Seine Beschwerde erweist sich als erfolglos. Hierbei geht der Senat von der Annahme aus, daß nach dem angefochtenen Beschluß die Aussetzung der Entscheidung hinsichtlich des Verurteilten Weber nicht bis zur formellen Beendigung des Strafverfahrens gegen Osswald und Genossen, sondern nur bis zur hinreichenden Klärung des gegen Weber geltend gemachten Verdachts im ordentlichen Strafverfahren ausgesprochen sein soll.

Im übrigen mußte die Entscheidung auch in Ansehung der Verurteilten Hitler und Kriebel bis zur hinreichenden Klärung des oben gekennzeichneten Verdachts ausgesetzt werden. Zum sofortigen Widerruf der Bewährungsfrist, die dem Verurteilten Hitler hinsichtlich der wegen Landfriedensbruchs ausgesprochenen Gefängnisstrafe bewilligt worden ist, bestand derzeit (vgl. § 29 Abs. 2 der Bekanntmachung vom 5. März 1922) kein Anlaß.

Ein bestimmter Zeitpunkt kann dermalen für die künftige, noch ausstehende Entscheidung des Beschwerdegerichts nach Lage der Sache nicht festgesetzt werden. Der Senat wird diese Entscheidung treffen, sobald sie ihm ermöglicht sein wird. Zu diesem Behuf wird er von Zeit zu Zeit die zuständige Strafverfolgungsbehörde um die erforderlichen Auskünfte ersuchen.

Seeber   Christ   Haisermann"

Der Statthalter Pontius Pilatus ging in die Geschichte ein als verachtenswertes Beispiel eines Richters, der, vom Pöbel bedrängt, einen Unschuldigen zum Tode verurteilt. Die Richter Josef Seeber, Alois Christ und Josef Haisermann vom Bayerischen Obersten Landesgericht sind ebenfalls mit einer folgenschweren Fehlentscheidung in die Geschichte eingegangen; sie haben einen gemeingefährlichen Verbrecher seiner Strafe entzogen und wurden so ebenfalls Pilatusse, freilich mit umgekehrtem Vorzeichen.

9. 13. November 1924. Haftanstaltsdirektor Leybold bestätigt nun Hitlers „gute Führung"

Am 13. November 1924 berichtet Haftanstaltsdirektor Leybold erneut über die Situation in Landsberg. Sein etwas widerspruchsvoller Rapport enthält folgende Darstellungen:[52]

„Hitler hat, seitdem er hier ist, die nationalsozialistische und völkische Bewegung als Parteigebilde abgelehnt; er hat sich auch ständig gegen die Parlamentarisierung der Bewegung ausgesprochen. Als Mann, der mitten im politischen Leben steht, hat er natürlich vorwiegend politische Besuche erhalten. Das war nicht grundsätzlich zu beanstanden; vor allem deswegen nicht, weil die Bewegung nicht im deutschen Reich und im Ausland, sondern in Bayern unterdrückt wurde, Hitler aber die Reichsführerschaft hatte. Hitler hat verbotene Organisationen und Bestrebungen von der Festung aus nicht unterstützt. Die meisten Besucher kamen ohne Hitlers Zutun hierher. Für Hitler handelte es sich mehr nur um ein ‚Zur Kenntnis nehmen' als um ein Anordnen. Während der Wahlzeit war die völkische Betätigung auch in den Ländern erlaubt, in denen im übrigen die nationalsozialistische und völkische Bewegung verboten war.

Die Ordnung und Sicherheit wurde durch den Besuchsverkehr nicht gefährdet, da sich Hitler und die sämtlichen Besucher peinlich an die eingeführte Besuchsordnung und an die ihnen vorgeschriebenen Besuchszeiten hielten. Die Besuche bei Hitler fanden, von verhältnismäßig ganz wenigen Ausnahmen abgesehen, ständig unter Aufsicht statt. Trotz der anfangs sehr großen Zahl der Besucher wurde die zulässige Besuchszeit von 6 Stunden in der Woche im Durchschnitt nicht überschritten. Für die ganze Strafdauer seit 1. April 1924 bis heute treffen durchschnittlich zwei Besucher auf den Tag. Ein schädlicher Einfluß wurde weder von den Besuchern noch von Hitler geübt. Hitler hat im Gegenteil immer zu schlichten versucht, hat beruhigend und versöhnend gewirkt, hat abgemahnt, hat die vielfachen unschönen, herausfordernden Entgleisungen politischer Redner und die vergiftenden Ausfälle der völkischen Presse verurteilt und bekämpft. Eine große Zahl von Besuchern hat in dieser Beziehung schwere Enttäuschungen beim Besuch erfahren. Hitler hat von hier aus niemals die völkische Presse inspiriert. Die von ihm eingesendeten Pressenotizen waren mit seinem vollen Namen unterzeichnete öffentliche Erklärungen, die deutlich erkennen lassen, wie er sich allmählich von jeder Beeinflussung politischer Entscheidungen innerhalb der Bewegung zurückzog. Tatsächlich nimmt er seit Monaten politische Besuche nicht mehr an; er lehnt ausnahmslos jeden Versuch, politisch an ihn heranzukommen, ab, und ich lasse mit seinem Einverständnis seit Monaten keinen politischen Besuch mehr zu. Seit Hitlers Verhaftung ist nicht Hitler, sondern General Ludendorff Leiter der völkischen Bewegung. Seit zwei Monaten hat Hitler auch Ludendorff nicht mehr gesehen und gesprochen; er hat dessen Besuche, wie fast alle anderen Besuche, grundsätzlich abgelehnt, und seit vier Wochen hat er überhaupt keinen Besuch mehr erhalten. Frühere Besprechungen Hitlers mit politischen Führern dienten vorwiegend der Erörterung der Frage, was sein soll, wenn die nationalsozialistische Bewegung wieder freigegeben werden würde.

Nach dem Gesagten ist der Satz in dem bekannten Artikel der Münchener Post Nr. 257 vom 5. November 1924: ‚Wir haben jetzt das geradezu skandalöse Bild bekommen, daß die staatliche Festung Landsberg bis in die letzte Zeit hinein geradezu eine politische Hochburg der nationalsozialistischen Desperados gewesen ist', zu bewerten. Ich halte mich auf glattem Pflaster unter peinlicher Freihaltung von politischer Einstellung an die für den Vollzug der Festungshaftstrafe geltenden Vorschriften. Daß die Färbung des Vollzugs und der Verkehrston mit den national hochgesinnten Männern, die hier ihre Strafe verbüßen und ein- und ausgehen, ein anderer ist als es in Niederschönenfeld, wo unnationale Festungsgefangene für ihre gegen den Nationalgedanken gerichteten verächtlichen Bestrebungen büßen, sein kann, ist natürlich. Parteipolitik wird von der Anstaltsleitung nicht getrieben, und nach zweierlei Recht wird nicht verfahren. Daß es der ‚Münchener Post' nicht um Wahrung des Rechtes, sondern um Alarmierung der Öffentlichkeit zu tun ist, liegt klar auf der Hand, sonst könnte es nicht dem Artikelschreiber unterlaufen, Hitler als das ‚heimliche Schoßkind der Bayerischen Volkspartei' zu bezeichnen, während doch Hitler der festen Überzeugung ist, daß gerade die Bayerische Volkspartei seine Freilassung aufhält."

10. 5. Dezember 1924. Ein letzter Versuch der
Staatsanwaltschaft

Da die vorzeitige Entlassung Hitlers in diesem Beschluß des Obersten Landesgerichts noch nicht endgültig verfügt war, hat die Staatsanwaltschaft noch einmal einen geradezu verzweifelten Versuch unternommen, diese Entlassung zu verhindern. In einem sorgfältig argumentierenden und überzeugenden Schriftsatz hat der Erste Staatsanwalt für den Landgerichtsbezirk München I zu dem Bescheid des Obersten Landesgerichts Stellung genommen. Der handschriftliche Vermerk „Eh" unter diesem Schriftsatz läßt erkennen, daß die Sachbehandlung weiter bei Hans Ehard lag und er auch dieses Schriftstück formuliert hat. Es stammt vom 5. Dezember 1924 und ist an den Oberstaatsanwalt beim Oberlandesgericht München mit der Bitte gerichtet, es an den Generalstaatsanwalt beim Bayerischen Obersten Landesgericht weiterzuleiten, der es dann dem Obersten Landesgericht vorlegen sollte. Die wesentlichen Sätze dieses Schreibens lauten:[51]

„Das Oberste Landesgericht vertritt, entgegen der zweimaligen gegenteiligen Stellungnahme des Erstgerichts selbst den Standpunkt, der Beschluß des Volksgerichts München I vom 1. April 1924 enthalte im Sinne des § 20 Abs. 1 Satz 1 der Bekanntmachung vom 5. März 1922 die Bewilligung einer Bewährungsfrist für den Fall guter Führung während der Strafvollstreckung.

Das Oberste Landesgericht ist demgemäß der Auffassung, es habe nunmehr ‚ausschließlich darauf anzukommen, ob die Voraussetzung des § 20 Abs. 1 S. 1 der angeführten Bekanntmachung gegeben ist, wobei selbstverständlich auch die Bestimmungen des § 14 Abs. 1 S. 1 a. a. O. insofern zu berücksichtigen sind, als auch geprüft werden muß, ob die Verurteilten durch ihr Verhalten nach der Verurteilung und während des Strafvollzugs die Erwartung rechtfertigen, daß sie sich auch ohne die volle Vollstreckung der Strafe künftig wohlverhalten werden'.

Es ist nicht anzunehmen, daß das Beschwerdegericht die Frage, ob die Führung Hitlers und Kriebels in der Festung gut war oder nicht, allein darauf abstellen will, ob sich Hitler und Kriebel gerichtlich *strafbar* gemacht haben oder nicht. Nach § 31 der Bekanntmachung vom 5. März 1922 und zu § 31 der Bekanntmachung vom 23. (richtig 14., d. V.) Juni 1924 ist für die Entscheidung darüber, ob die Strafe wegen guter Führung erlassen werden kann, das *Gesamtverhalten* während der Bewährungsfrist maßgebend und genügt die Tatsache allein, daß der Verurteilte nicht mehr bestraft wurde, nicht zur Annahme einer guten Führung. Was aber für die Zeit des Laufes der Bewährungsfrist gilt, muß noch viel mehr für die Zeit des Strafvollzugs gelten.

Hitler und Kriebel haben aber trotz ihrer ausdrücklichen gegenteiligen Versicherung und obwohl sie wußten, daß man sich auf ihre Zusicherung verließ, während des Strafvollzugs Briefe hinausgeschmuggelt; sie haben ein Verhalten an den Tag gelegt, das nach dem Gesamtbild der Erhebungen den dringenden Verdacht, daß sie sich wieder einer auf der gleichen Linie liegenden strafbaren Handlung schuldig gemacht haben, unter allen Umständen auch dann bestehen läßt, wenn vielleicht die letzten zum Schuldspruch im Strafurteil geforderten Beweise nicht vollständig ausreichen sollten; sie haben gezeigt, daß eben die Erwartung künftigen Wohlverhaltens durchaus nicht gerechtfertigt ist (§ 14).

Außerdem stehen ‚die allgemeinen Interessen' der Bewilligung einer Bewährungsfrist aufs schärfste entgegen, woraus sich ergibt, daß eine Bewährungsfrist gemäß der Bekmachung vom 23. (richtig 14., d. V.) Juni 1924 zu § 14 nicht bewilligt werden durfte.

In der staatsanwaltschaftlichen Äußerung vom 23. September 1924 wurde auch drauf hingewiesen, daß die *nach* dem 1. April 1924 abgeschlossenen Strafverfahren sowie die nach diesem Zeitpunkt noch vorgenommenen Erhebungen (vgl. namentlich die eidliche Vernehmung Kriebels vom 16. Mai 1924 und die von Hitler veranlaßte Fahrt Neunzerts nach Berchtesgaden am 9. November 1923 – S. 2 ff. der staatsanwaltschaftlichen Äußerung vom 23. September 1924) das Bild der Tat vom 8./9. November 1923 zuungunsten der Verurteilten noch verstärkt und erneut die Tatsache bestätigt haben, daß die Verurteilten für die Folgen der Tat voll verantwortlich gemacht werden müssen, und zwar in noch weiterem Umfange, als das erkennende Gericht es angenommen hat. Diese späteren Feststellungen können gemäß § 18 Abs. 2 der Bekmachung vom 5. März 1922 zur Verweigerung der Bewährungsfrist führen."

11. 14. Dezember 1924. Leybold muß erneut dem Obersten Landesgericht über die „gute Führung" Hitlers berichten

Am 12. Dezember 1924 richtete der Vorsitzende des für diese Bewährungsfrage letztinstanzlich zuständigen 2. Strafsenates des Bayerischen Obersten Landesgerichts

Josef Seeber ein eigenhändiges Schreiben an die Direktion der Gefangenenanstalt in Landsberg: „Ich ersuche um Äußerung über die Führung des Adolf Hitler und des Hermann Kriebel in der Festungshaftanstalt in der Zeit seit 15. September 1924."[52]
Direktor Leybold hat verstanden, was gewünscht wird. Bereits zwei Tage später, am 14. Dezember 1924, antwortet er:[52]

„Zur Zuschrift vom 12. Dezember 1924:
Seit Erstattung meines Führungsberichtes vom 15. September 1924 an den Herrn I. Staatsanwalt für den Landgerichtsbezirk München I wurde festgestellt, daß *Hitler* am Sonntag 14. September 1924 einen Brief an Direktor Jac. Werlin, Geschäftsführer der Firma Benz & Co in München, unter Umgehung der Briefaufsicht dem an diesem Tag seinen Vater in der Festung besuchenden jungen Wolfram Kriebel mitgegeben hat. Der Brief war zur Vorlage an die Zensurstelle bestimmt, weshalb der Briefumschlag mit einer 10-Pfennig-Freimarke versehen war. Der Briefinhalt war vom Standpunkt der Briefaufsicht gänzlich unverfänglich. Der Brief wäre, wenn er der Zensur vorgelegt worden wäre, nicht beanstandet worden. Hitler hat den Brief dem jungen Kriebel mitgegeben, damit der Brief den Adressaten zuverlässig am Montag früh erreiche. Es ist dies die einzige Ordnungswidrigkeit, welche dem Hitler während der ganzen Dauer seiner Verwahrung in der Festungshaftanstalt Landsberg und vorher während mehrmonatiger Untersuchungshaft hier nachgewiesen worden ist. Ich bin überzeugt, daß es auch wirklich die einzige Ordnungswidrigkeit war, die ihm unterlaufen ist.
Hitler bleibt sich immer gleich: anspruchslos in seinen persönlichen Bedürfnissen, uneigennützig, höflich. Er hat einen geraden, offenen Charakter, unterdrückt gelegentlich auftretende üble Laune oder Verärgerung, achtet den pflichttreuen Beamten auch dann, wenn dieser ihm nicht zu Gefallen sein kann. Heimlichkeiten liegen ihm ferne. Er hält bei sich und seinen Haftgenossen auf Ordnung und Anstand, ist ein Mann von guter Selbstzucht und Beherrschung, fügt sich ohne Widerspruch und ohne ausfällige Kritik auch in widrige Verhältnisse und ist in diesem Sinne ein gutes Vorbild für seine Haftgenossen. Politisch hat er sich während der Haftzeit mehr und mehr zurückgezogen, seit Monaten nach außenhin ganz und gar abgeschnürt. Er muß als politischer Idealist bezeichnet werden. Wenn er die Gelegenheit wahrnimmt, seinen Haftgenossen seine politischen Ziele zu erklären, tut er das

mit Zurückhaltung, ohne Aufdringlichkeit, in einer die Gegensätzlichkeiten nach Möglichkeit ausgleichenden Form in guter Ausdrucksweise.
Von der Festungshaftstrafe von 5 Jahren hat er nun 13 Monate verbüßt. Er ist nach seiner Führung im Strafvollzug der Bewilligung einer Bewährungsfrist in besonderem Maße würdig ...
Leybold"

12. 19. Dezember 1924. Das Oberste Landesgericht verfügt endgültig die vorzeitige Entlassung Hitlers

Dieses neue Zeugnis des Anstaltsdirektors Leybold verfehlte seine Wirkung nicht: Am 19. Dezember traf das Bayerische Oberste Landesgericht die endgültige Bewährungsentscheidung. Der Text selbst konnte bisher in den Archiven nicht aufgefunden werden, aber das „dringende Telegramm", das der Erste Staatsanwalt Stenglein an die Direktion der Festungshaftanstalt Landsberg am 20. Dezember 1924 schickte, gibt Aufschluß:[52]

„Oberstes Landesgericht hat am 19. Dezember staatsanwaltschaftliche Beschwerde gegen landgerichtlichen Beschluß vom 25. September verworfen. Bewährungsfrist für Adolf Hitler und Hermann Kriebel somit rechtskräftig bewilligt. Ersuche, Hitler und Kriebel verständigen und sofort aus Haft entlassen."

Die genauen Daten der Haft des Hochverräters Hitler hält ein staatsanwaltlicher Aktenvermerk vom 18. März 1926 fest:[52]

„Urteil vom 1. April 1924. Strafe: 5 Jahre Festungshaft, ab 4 Monate 2 Wochen Untersuchungshaft · Strafbeginn: 1. April 1924, vorm. 10 Uhr 05 · Entlassen am 20. Dezember 1924 nachm. 12 Uhr 15 · Strafrest: 3 Jahre 333 Tage 21 Stunden 50 Minuten, hierfür Bewährungsfrist bis 1. Oktober 1928."

Der Leser mag hier eine kleine Weile innehalten und darüber nachdenken, wie ganz anders die Weltgeschichte verlaufen wäre, wenn Hitler die restlichen drei Jahre, 333 Tage, 21 Stunden und 50 Minuten noch in Landsberg

Abb. 13: Oberstlandesgerichtsrat Theodor von der Pfordten. In der Tasche des als Teilnehmer des „Marsches zur Feldherrnhalle" am 9. November 1923 tödlich Getroffenen fand man den Entwurf der neuen Reichsverfassung des beabsichtigten Hitler-Regimes samt einer ausführlichen Standgerichtsordnung.

inhaftiert geblieben wäre, also bis 18. November 1928; dazu wären dann noch zwei Monate Gefängnis in Stadelheim aufgrund des Landfriedensbruch-Urteils von 1922 gekommen. Hitler hätte also erst am 18. Januar 1929 wieder entlassen werden dürfen.

13. Der Kampf um die Verkürzung der Bewährungsfrist

Hitler hat nach der Entlassung seinen Kampf gegen die Weimarer Verfassung und den auf sie gegründeten demokratischen Rechtsstaat wieder aufgenommen. Statt nun von der Möglichkeit eines Widerrufs der vorzeitigen Entlassung Gebrauch zu machen, haben Staatsanwaltschaft und Gericht die Bewährungsfrist um zwei Jahre verkürzt. Die Begründungen dieses Verkürzungsantrages und dieses Verkürzungsbeschlusses zeigen erneut die schreckliche Harmlosigkeit von Gericht und Regierung jener entscheidenden Jahre.

18. März 1926. Die Staatsanwaltschaft ist dagegen

Erster Staatsanwalt Stenglein stellt am 18. März 1926 folgenden vorsichtigen „Antrag auf Feststellung, ob die Reststrafe des Adolf Hitler aus dem Urteil des Volksgerichts München I vom 1. April 1924 um zwei Jahre zu kürzen ist"; er schreibt dazu:[52]

„1. Hitler ist als oberster Leiter des hochverräterischen Unternehmens vom 9. November 1923 und oberster Führer des nach ihm benannten Stoßtrupps auch für die Taten verantwortlich, die von den Angehörigen dieses Stoßtrupps bei Unterstützung dieses Unternehmens begangen worden sind ... Die Zerstörungen in der Münchener Post und die Geiselverhaftungen hat das Urteil vom 1. April 1924 Hitler allerdings nicht zugeschrieben ...
  Insbesondere gilt diese Verantwortung aber für den unter Hitlers Leitung unternommenen Zug in die Stadt, der zu dem Zusammenstoß mit der Landespolizei am Odeonsplatz führte. Bei

dieser Gelegenheit gab der Stoßtruppangehörige Hewel einen Schuß auf die Landespolizeibeamten ab. Der Beschluß der 2. Strafkammer vom 5. laufenden Monats hat festgestellt, daß bei Hewel für die Zuwiderhandlung die Voraussetzungen des Art. 5 Ziff. 1 des Gesetzes über Straffreiheit vorliegen und Hewel daher vom Straferlaß ausgeschlossen ist. Es wird zu prüfen sein, ob Hitler als oberster Führer für diese durch den von ihm veranlaßten Zug ausgelöste Ausschreitung verantwortlich ist.

2. Hitler hat ... in den Druckereien von Parcus und Mühlthaler größere Mengen (1460 Billionen) Papiergeld beschlagnahmen lassen, um damit seine Leute zu entlohnen und so sein Unternehmen zu stützen. (Dürfte ein Schreibfehler sein, es waren 14 605 Billionen, d. V.)

3. Hitler ist nach den Gründen des Urteils vom 1. April 1924 auch für die Ministerverhaftungen verantwortlich. Bezüglich des hier als verantwortliches Ausführungsorgan in erster Linie in Frage kommenden Rudolf Heß hat die Kammer bereits den Eintritt des Straferlasses festgestellt. Gegen diesen Beschluß ist von mir zwar Beschwerde zum Obersten Landesgericht eingelegt, doch bilden die tatsächliche Grundlage dieser Beschwerde in der Hauptsache Vorgänge, die Hitler wohl nicht zur Last gelegt werden können."

8. April 1926. Das Landgericht verkürzt die Bewährungsfrist um zwei Jahre

Die 2. Strafkammer des Landgerichts München I entscheidet:

„Der Rest der ... dem Schriftsteller Adolf Hitler zuerkannten Festungshaftstrafe ist nach dem Gesetz über Straffreiheit vom 21. Dezember 1925 um zwei Jahre zu kürzen."[52]

In der Begründung dieses sehr entgegenkommenden Beschlusses wird zum ersten Mal wenigstens erörtert, daß der „Marsch zur Feldherrnhalle" ja auch Mord oder Totschlag an den vier Polizisten und ein Verbrechen des schweren Geldraubes gewesen sein könnte. Die Prüfung dieser Frage wurde durch die vom Volksgericht nicht herangezogene Entscheidung des Reichsgerichts vom 12. November 1923 erforderlich (ihre einschlägigen Sätze sind auf S. 53 wiedergegeben). Daß Hitler auch für die

Polizistentötungen und den Bankraub hätte bestraft werden müssen, ist für jeden Juristen völlig selbstverständlich. Hitler hatte ja obendrein mit einer geradezu provozierenden Offenheit auch ausdrücklich die Verantwortung für diesen „mißglückten Propagandazug" übernommen. Dazu weiß das Gericht nur zu sagen, daß die „moralische Verantwortung" als Begründung einer strafbaren Mitwirkung Hitlers an diesem Verbrechen nicht ausreiche.

Hier der Wortlaut dieser Beschlußbegründung:

„Da Adolf Hitler wegen Hochverrats nicht vorbestraft war, da ihm auch nicht zur Last gelegt werden kann, daß er aus Roheit, Eigennutz oder sonstigen niedrigen Beweggründen gehandelt hat (Ziff. 3 und 2 des Art. 5 des Gesetzes), ist lediglich zu prüfen, ob von ihm zur Durchführung seiner Straftat oder im Zusammenhang damit ein in Ziff. 1 des Art. 5 bezeichnetes Verbrechen begangen wurde, welches lediglich deshalb nicht gesondert mit Strafe belegt wurde, weil das Verbrechen in dem Verbrechen des Hochverrates aufgegangen ist (vgl. RGSt Bd. 58 S. 2 ff.)[53], ob ihm nicht insbesondere ein Verbrechen gegen das Leben (§ 211, 212 StGB) oder ein Verbrechen schweren Raubes (250 StGB) zur Last gelegt werden kann.

Als Adolf Hitler am 9. November 1923 gegen die Mittagszeit mit seinem Gefolge einen Zug durch die Stadt veranstaltete, kam es beim Odeonsplatz zu einem Feuergefecht zwischen der Landespolizei und den Zugteilnehmern. Die Handlungsweise derjenigen, welche gegen die Landespolizei Schüsse abgegeben haben, erfüllt den Tatbestand mindestens eines Verbrechens des Totschlagsversuches. Es ist nicht erwiesen, daß Hitler, sei es direkt oder indirekt, den Befehl zur Eröffnung oder zur Erwiderung des Feuers gegeben hat, oder daß er bei seinem Zug durch die Stadt mit einem Angriffe gegen ihn und sein Gefolge gerechnet hat. Er kann daher auch nicht in dieser Beziehung der Mittäterschaft oder der Anstiftung zu einem Verbrechen des Totschlagsversuches geziehen werden. Die moralische Verantwortlichkeit reicht zur Begründung einer Teilnahmehandlung nicht aus.

Am gleichen Tage ließ Hitler durch seine Leute in der Buchdruckerei Parcus 12060 Billionen Reichsmark beschlagnahmen, um damit die Angehörigen des Kampfbundes zu entlohnen. Die Wegnahme geschah in der Weise, daß zwei Lastautos mit Bewaffneten vor der Druckerei vorfuhren, daß die Begleitmannschaft unter Aufsicht ihres Führers die Geldscheine verlud und daß der Inhaber der Druckerei eine Quittung ausgestellt bekam. Es ist nicht nachweisbar, daß hierbei gegen Personen Gewalt angewendet wurde oder daß die Wegnahme unter Anwendung mit Drohungen, mit gegenwärtiger Gefahr für Leib und Leben erfolgt ist. Da der Tatbestand eines Verbrechens des schweren Raubes in dieser Beziehung nicht gegeben bzw. nicht nachweisbar ist, kann auch Hitler eine Teilnahmehandlung nicht zur Last gelegt werden.

Auch der übrigen in Ziff. 1 des Art. 5 a. a. O. bezeichneten Verbrechen kann Hitler nicht beschuldigt werden. Er gehört sohin nicht zu den Personen, welche vom Straferlaß ausgeschlossen sind.

§ 458 StPO

Dr. Gütermann	Lemberg	Salberg
Landgerichtsdirektor	stv. Landgerichtsdirektor	Oberlandesgerichtsrat"

Die Auffassung der Richter kann man nur als naiv qualifizieren. Die wirklichen Absichten Hitlers waren schon aus den Äußerungen beim Prozeß selbst zu entnehmen, sodann aus seiner Schrift „Mein Kampf" und aus den Reden, die er landauf landab gehalten hat. Besonders deutlich bekundet Hitler mit zynischer Offenheit schon sechs Tage nach diesem Bewährungskürzungsbeschluß seine wahren Absichten in einer 15seitigen „Erklärung", die er am 14. April 1926 zu den Akten eines Strafverfahrens gegeben hat, in dem er des Meineids beschuldigt gewesen war, das aber dann mangels eindeutigen Schuldnachweises eingestellt wurde:[54]

„Zum Unterschied der bestehenden bürgerlichen Parteien begnügte sie (die Nationalsozialistische Deutsche Arbeiterpartei) sich nicht damit, dem Marxismus etwa die Macht aus der Hand zu nehmen, sondern erklärte als notwendig die Vernichtung des Marxismus an sich, d. h. mithin dessen restlose und tatsächliche Ausrottung ... Die Nationalsozialistische Deutsche Arbeiterpartei hat damit den sogenannten Toleranzstandpunkt grundsätzlich aufgegeben ... Die Sturmabteilungen der Bewegung waren streng unmilitärisch organisiert. Angefangen von der Kleidung sollte nichts den Eindruck erwecken, als ob es sich hier um eine Organisation für soldatische Zwecke handeln würde ... Wenn dabei viele Mitglieder für sich Waffen besäßen, so darf dies niemand wundernehmen in einer Zeit, in der die Straßen eben häufig von Maschinengewehrfeuer widerhallten und jeder Nächstbeste sein Gewehr zu Hause schon aus Vorsichtsgründen im Schranke hatte. Im Frühjahr 1923 erst erfolgte, und zwar auf Wunsch und im Einvernehmen mit den militärischen Behörden, die Umstellung der SA zu einer Wehrorganisation ..."

Und was den Banknotenraub anlangt: Die Richter nehmen einfach keine Kenntnis davon, daß das Volksgericht in seiner Urteilsbegründung ausdrücklich eine Mitverantwortung Hitlers für den Banknotenraub festgestellt hat: „Die Beschlagnahme der 14605 Billionen Papiermark, die gleichfalls zur Stützung des Unternehmens erfolgt ist, ist zwar anscheinend von Hitler allein verfügt ..." (Seite 80f.) Auch die vom Gericht als „nicht nachweisbar" verkannte Gewaltanwendung ist aktenkundig erhärtet. Die beraubte Firma schrieb bereits am 19. November 1923 an das Generalkommissariat:[55]

„Am Freitag, den 9. d. M., drangen Hitlertruppen in unseren Betrieb ein, um im Namen der nationalen Regierung die bei uns liegenden Banknoten der Reichsbank zu beschlagnahmen. Infolge des starken Kommandos war es erfolglos, Widerstand zu leisten.
Beschlagnahmt wurden:
  290000 Geldscheine à 50 Milliarden = 14500 Billionen
  105000 Geldscheine à 1 Milliarde =   105 Billionen
Wir konnten nur noch erreichen, daß einer unserer Aufsichtsorgane der Ablieferung der Noten an die neue Regierung beiwohnte und sich Quittungen über den abgelieferten Betrag ausstellen ließ, welche der hiesigen Reichsbankhauptstelle zugestellt wurden ...
Da es nach unserem Dafürhalten Aufgabe der Regierung ist, dafür zu sorgen, daß derartige Vorkommnisse nicht eintreten können, so müssen wir für den uns durch den Raub entstandenen Schaden in seiner vollen Höhe das Staatskommissariat verantwortlich machen ..."

Das Generalkommissariat lehnte die Haftung allerdings ab und verwies die Firma auf den „hierfür vorgeschriebenen Weg". Ob mit Erfolg, ist nicht bekannt. Auf die Idee, die geraubten Banknoten von Hitler zurückzuverlangen, ist offenbar niemand gekommen.

14. 1927. Der Landtagsausschuß-Bericht Wilhelm Hoegners bleibt ohne Wirkung

Die hochverräterischen Umtriebe der Nationalsozialisten im Jahre 1923 und das unzulängliche Hitler-Urteil haben auch die Landtagsopposition, besonders die bayerische SPD, auf den Plan gerufen. Sie bestand auf einer genauen Untersuchung der Vorgänge und der Rolle der Justiz und konnte erreichen, daß der Landtag vier Monate nach der Urteilsverkündung am 31. Juli 1924 einen Untersuchungsausschuß einsetzte. Sein Auftrag: „Untersuchung der Vorgänge vom 1. Mai 1923 und der gegen Reichs- und Landesverfassung gerichteten Bestrebungen vom 26. September bis 9. November 1923".

Mitberichterstatter und eigentlicher Sachbearbeiter wurde der damalige Staatsanwalt Wilhelm Hoegner, der erst im April 1924 für die SPD in den Landtag gewählt worden war. Er hatte schon am 23. Juli 1924 in einer mehrstündigen Grundsatzrede im bayerischen Landtag mit großem Ernst darüber geklagt, daß die Justiz bei der Behandlung der Verbrechen Hitlers und seiner Anhänger „die bewährten Grundsätze einer unabhängigen Rechtspflege verlassen" hatte. Hoegner nutzte die ihm eingeräumten Aufklärungs- und Arbeitsmöglichkeiten mit außerordentlichem Aufwand an Zeit und Mühe. Der Ausschuß konnte alle Akten einsehen, Untersuchungen selbst durchführen und Behörden für seine Arbeit in Anspruch nehmen. So entstand ein Sachbericht von 1631 Schreibmaschinenseiten, dessen parlamentarische Behandlung die Landtagsmehrheit freilich immer wieder verzögerte. Die konservativen Kreise trugen sich nämlich allen Ernstes mit der Absicht, mit den Nationalsozialisten eine Koalition gegen die SPD einzugehen, und wollten daher den Hoegner-Bericht in der Schublade verschwinden lassen. So erklärt es sich auch, daß dieser wichtige und gründliche Bericht „zur Raumersparnis" in den Landtagsdrucksachen überhaupt nicht veröffentlicht wurde. Diese Landtags-Nichtdrucksache steht der historischen Forschung aber immerhin als Schreibmaschinendurchschlag im Bayerischen Hauptstaatsarchiv zur Verfügung.[56] Sie ist bis heute nicht publiziert.

Auch die Gerichte, die sich immer noch mit der Frage der Bewährungsfrist für Hitler zu beschäftigen hatten, haben von diesem höchst aufschlußreichen Bericht, der gerade für sie wichtiges Material bot, keine Kenntnis genommen. Hier einige für unser Thema bedeutsame Ergebnisse des Berichtes:

Zunächst rügt Hoegner, daß Gürtner das Strafverfahren verzögert und am 22. März (also noch vor dem Hitler-Urteil) endgültig eingestellt hat, das gegen Hitler wegen des bewaffneten Aufmarsches am 1. Mai 1923 auf dem Oberwiesenfeld eingeleitet war (§ 127 RStGB).[57] Dieses Versagen der Justiz hat Schweyer schon 1925 in seinem Buch beklagt: „Wenn die Zuwiderhandlungen der Nationalsozialisten am 1. Mai 1923 ihre verdiente Sühne gefunden hätten, wäre es aller Voraussicht nach nicht zum Umsturzversuch vom 8. November 1923 gekommen."[58]

Sodann bringt Hoegner den vollen Wortlaut des am 9. November 1923 in der Tasche von der Pfordtens gefundenen Entwurfs einer neuen Verfassung nebst Standgerichtsordnung.[59]

Sehr ausführlich wird über die Einzelheiten des Schußwechsels vor der Residenz am Mittag des 9. November 1923 berichtet, und zwar anhand von Augenzeugenbekundungen. Walther Hewel, der als 19jähriger Student an dem Marsch zur Feldherrnhalle teilgenommen hatte, gesteht hier zum Beispiel: „Im Propagandazug marschierte ich mit der Fahne hinter Hitler und Ludendorff ... Ich schoß mit meinem Gewehr einige Male auf die Landespolizisten. Ob ich jemand getroffen habe, weiß ich nicht."[60]

Die Objektivität und Fairneß Hoegners zeigt sich an vielen Stellen, zum Beispiel bei der Schilderung des entschie-

Abb. 14: Der SPD-Landtagsabgeordnete Wilhelm Hoegner verfaßte den 1631 Seiten umfassenden Bericht für den Untersuchungsausschuß des bayerischen Landtags über Hitlers Hochverratsunternehmen (Aufnahme von 1932; *Quelle:* Foto Ullstein).

denen Eintretens des Bayerischen Kultusministers Franz Matt in der Nacht zum 9. November 1923 für die legitime Regierung.⁶¹ Der SPD-Abgeordnete Hoegner fügt dann den auch ihn selbst ehrenden Satz an: „Matt ist unser politischer Gegner. Ich stehe nicht an zu erklären, daß Matt in dieser Nacht um Bayern und das Deutsche Reich sich außerordentliche Verdienste erworben hat, die spätere Zeiten besser anerkennen werden, als man gegenwärtig dazu in der Lage ist."⁶²

Um nun wieder zum Thema unseres Buches zurückzukommen: Auf vielen Seiten⁶³ rügt Hoegner die Fehler des Urteils und die sachfremde und gesetzwidrige Behandlung der Frage der Bewährungsfrist:

„In der Verfolgung der hochverräterischen Unternehmungen des Jahres 1923 haben die Justizorgane dem Staate vielfach den gesetzlichen Schutz versagt. Der Ausschuß mißbilligt insbesondere folgende Maßnahmen: ... die übermäßige und vielfach mit den gesetzlichen Vorschriften kaum mehr zu vereinbarende Bewilligung von Bewährungsfristen für die Täter vom 8./9. November 1923."

In einem sehr umständlichen Verfahren wurden im Ausschuß die einzelnen Punkte getrennt zur Abstimmung gebracht. Dabei stellte sich wieder einmal heraus, daß solche parlamentarischen Ausschüsse nicht auf die Sach- und Rechtsfragen eingehen, sondern rücksichtslos auf ihre politischen Ziele lossteuern. So wurden alle Vorschläge Hoegners abgelehnt. Der Vorschlag, die Bewilligung von Bewährungsfristen für Hitler zu mißbilligen, wurde mit 4:2 Stimmen abgelehnt.⁶¹ Die SPD hatte im damaligen Bayerischen Landtag 17,2 Prozent der Stimmen, die KPD 8,3 Prozent. Die Mehrheit setzte sich zusammen aus der Bayerischen Volkspartei (32,9 Prozent), der Deutsch-Nationalen Volkspartei (10,4 Prozent) und dem Bauernbund (7,1 Prozent). Der Völkische Block (die NSDAP war verboten) hatte bei der Wahl vom 6. April 1924 (fünf Tage nach der Verkündung des Hitler-Urteils) auf Anhieb 17,1 Prozent der abgegebenen Stimmen erobert.

Einen späten „Triumph", den er sich in dieser Form lieber nicht gewünscht hatte, erlebte Hoegner nach dem Krieg. Am 18. Oktober 1946 konnte er, damals bayerischer Ministerpräsident, nicht umhin, auf Einladung der amerikanischen Besatzungsmacht bei der Hinrichtung der nationalsozialistischen Hauptkriegsverbrecher in Nürnberg anwesend zu sein. Den Reportern antwortete er, daß er im Hinblick auf den Ernst des Todes und besonders der Hinrichtung eine Äußerung über seine Eindrücke in der Öffentlichkeit ablehne.

15. 28. Juli 1928. Erlaß der Reststrafe

Der alle nur irgendwie erreichbaren Dokumente und Zeugenaussagen verwertende umfangreiche Untersuchungsausschuß-Bericht Hoegners wurde von den Gerichten und auch von der Staatsanwaltschaft keines Wortes gewürdigt. Man wollte weder die Bewährungsfrist verlängern noch, was auch möglich und, genau besehen, dringend erforderlich gewesen wäre, die Vergünstigung einer Bewährungsfrist überhaupt widerrufen. So bildet den Schluß dieser Dokumentation die Verfügung der Staatsanwaltschaft bei dem Landgerichte München I vom 28. Juli 1928:[52]

„1. Name: Adolf Hitler
2. verletztes Gesetz: § 81 Ziff. 2 RStGB
3. Der Rest der rechtskräftig erkannten Strafe, für welchen Bewährungsfrist bewilligt ist, und die rückständigen Kosten sind aufgrund des § 1 des Gesetzes vom 14. Juli 1928 erlassen."

16. 30. Januar 1933. Hitler leistet den Ministereid auf die
Weimarer Verfassung

Die Staatsgewalt zeigte sich auch nach der Entlassung Hitlers beklagenswert schwach und gefährlich hilflos.

Die Unterlassung des Bewährungsfrist-Widerrufs war nur eines dieser schweren Versäumnisse. Die anderen Fehler können hier nur angedeutet werden: Wiederzulassung der Nationalsozialistischen Deutschen Arbeiterpartei und ihres Kampfblattes „Völkischer Beobachter", Aufhebung des SA-Uniform-Verbotes usw. Auch das Redeverbot, das das Bayerische Innenministerium am 9. März 1925, also bereits wenige Monate nach Hitlers Entlassung, verfügt hatte, als dieser im Bürgerbräukeller in einer haßerfüllten Rede gegen Juden, Marxisten und die „Schwarzen" zur Gewalt aufrief, war für die Nationalsozialisten kein spürbares Hindernis mehr. Es wurde im März 1927 wieder aufgehoben. Die Rabauken der SA und der SS demonstrierten bei jeder Gelegenheit und schlugen, besonders in Saalschlachten, rücksichtslos auf den Gegner ein. Hitler selbst zog rastlos durchs Land, um mit seiner bellenden Sprechweise demagogische Phrasen auf die Massen loszulassen. Am 7. September 1932 habe ich als 18jähriger Primaner Hitler im Zirkus Krone in München erlebt. Ich stand etwa 20 Meter vor der Rednertribüne, und das Grausen, das mich angesichts der aufgeheizten Masse packte, wirkt heute noch in mir nach. Ich habe seither nie mehr eine politische Massenversammlung besucht.

Hitler verstand es, die kritiklose Menge aufs äußerste zu begeistern. Seine Waffe war die Masse, die später freilich sein Opfer werden sollte: Schon bei der Landtagswahl am 6. April 1924, also fünf Tage nach der Urteilsverkündung, errang, wie berichtet, der Völkische Block auf Anhieb 17,1 Prozent. Als Hitlers Nationalsozialistische Deutsche Arbeiterpartei dann bei den Reichstagswahlen die (relativ)

Abb. 15: Der Verlierer des Ersten Weltkriegs, der vergreiste Reichspräsident Paul von Hindenburg, nimmt in der Potsdamer Garnisonskirche am „Tag von Potsdam" (21. März 1933) den Gruß Adolf Hitlers, des nachmaligen Anstifters und Verlierers des Zweiten Weltkriegs, entgegen. Hinter ihm (mit Stahlhelm) Hermann Göring und (mit Zylinder) Josef Goebbels.

größte Zahl der Abgeordnetensitze erobern konnte (1930: 107 von 577; am 31. Juli 1932: 230 von 608; am 6. November 1932: 196 von 584) und die anderen Parteien sich nicht zu einer regierungsfähigen Koalition zusammenfanden, sah der vergreiste Reichspräsident von Hindenburg keinen anderen Weg mehr, als den „böhmischen Gefreiten"[64] zum Reichskanzler zu ernennen, obwohl die Nationalsozialisten über keine parlamentarische Mehrheit verfügten.

Am 30. Januar 1933 leistete Hitler den Eid auf die von ihm 14 Jahre lang mit äußerstem Haß bekämpfte Weimarer Verfassung:

„Ich schwöre: Ich werde meine Kraft für das Wohl des deutschen Volkes einsetzen, die Verfassung und die Gesetze des Reichs wahren, die mir obliegenden Pflichten gewissenhaft erfüllen und meine Geschäfte unparteiisch und gerecht gegen jedermann führen. So wahr mir Gott helfe."[65]

Diese letzte Lüge in seiner „Kampfzeit" war Hitlers erste Lüge in seiner Regierungszeit. Auch dieses Eideswort brach er sofort: Am 28. Februar 1933 ließ er per Notverordnung die verfassungsmäßig garantierten Grundrechte aufheben, am 22. März wurde das Konzentrationslager Dachau installiert, am 23. März erreichte er mit Drohung und Betrug von dem wegen der Inhaftierung von fast 100 Mitgliedern nicht einmal wirksam konstituierten Reichstag die Zustimmung zum sogenannten Ermächtigungsgesetz, gegen das sich nur die 107 anwesenden SPD-Abgeordneten zu stimmen trauten. Damit war die Gesetzgebungsgewalt auf Hitlers Regierung übergegangen, der Reichstag war zum bloßen Akklamationsgremium („Gesangsverein") geworden.

Hitlers Verbrechen hatten immer noch nicht allen die Augen geöffnet. Justiz, Verwaltung, Wehrmacht, Industriekonzerne, ausländische Staatsoberhäupter und Regierungen betrachteten das NS-Regime als rechtmäßige Obrigkeit, schlossen mit ihm Verträge und gratulierten zu jedem Neujahrstag dem „Führer", als ob alles in Ordnung wäre.

Kardinal Faulhaber, immer noch Respektsperson und überragende Autorität nicht nur bei den Katholiken, gab bereits zwei Tage, nachdem Himmler in den Münchener Neuesten Nachrichten die Eröffnung des Konzentrationslagers Dachau bekanntgegeben hatte, am 24. März 1933, an den Bayerischen Episkopat die naive Weisung: „Ich muß mir aber nach dem, was ich an höchsten Stellen in Rom erlebt habe, hier aber nicht mitteilen kann, vorbehalten, trotz allem mehr Toleranz gegen die neue Regierung zu üben, die heute nicht bloß im Besitz der Macht ist, was unsere Grundsätze nicht umstoßen könnte, sondern rechtmäßig wie noch keine Revolutionspartei in den Besitz der Macht gelangte."[66] Und noch am 4. November 1936, zwei Jahre, nachdem Hitler am 30. Juni 1934 beim sogenannten Röhm-Putsch über 80 Morde begangen hatte, bestätigte der Kardinal bei seinem Besuch auf dem Obersalzberg dem „Oberhaupt des Deutschen Reiches": „Sie sind für uns gottgesetzte Obrigkeit, der wir im Gewissen Ehrfurcht und Gehorsam schulden."[66]

Vorzeitige Entlassung eines vorbestraften Hochverräters wegen „guter Führung", Ehrfurcht vor einem meineidigen politischen Vabanquespieler, Gehorsam gegenüber einem notorischen Vielfach-Mörder – das waren die schrecklichen Irrtümer der weltlichen und der geistlichen Obrigkeit, die 50 Millionen unschuldige Menschen mit ihrem Leben bezahlten.

Anmerkungen

1 Adolf Hitler, Mein Kampf, Ausg. 1944, S. 225

2 Schweyer schildert in seinem Buch „Politische Geheimverbände" (Freiburg 1925) auf Seite 111 ausführlich, wie ihm Hitler „aus freien Stücken" dieses Ehrenwort gegeben hat. Hitler hat das bei jener Nötigungsszene am 8. November 1923 im Bürgerbräukeller zugegeben und sich für den Wortbruch mit dem „Interesse des Vaterlandes" entschuldigt (vgl. Seiten 16 u. 18). Interessanterweise kam Hitler nach zwanzig Jahren in seiner letzten vom Rundfunk übertragenen Rede am 8. 11. 1943 im Löwenbräukeller noch einmal auf diesen Vorwurf zurück: „... ein niederträchtiges Subjekt hatte sich dazu verstanden, mir vorzuwerfen, ich hätte mein Wort gebrochen" (M. Domarus, Hitler, Reden Bd. 4, Wiesbaden 1973, S. 2057).

3 Einen „Generalstaatskommissar" kannte die Bayerische Verfassung nicht. Das Ministerium hat am 26. 9. 1923 dieses Organ aufgrund der Notverordnungsbestimmungen in Art. 48 der Reichsverfassung und in Art. 64 der Bayerischen Verfassung geschaffen, und zwar „zum Schutz und zur Wiederherstellung der öffentlichen Sicherheit und Ordnung", die man offenbar für gefährdet hielt. Der Generalstaatskommissar sollte eine Art diktatorische Gewalt haben. Seine Anordnungen gingen denen aller anderen Behörden (außer denen der Gerichte) vor. Die Grundrechte wurden suspendiert, sogar Schutzhaft war möglich.

4 Staatsarchiv München: Stanw 3098

5 Filme dieser Urkunden liegen im Institut für Zeitgeschichte in München: MA-744

6 Hewel wurde durch Urteil des Volksgerichts München am 28. 4. 1924 zu lediglich einem Jahr und drei Monaten Festungshaft verurteilt. Das Gericht hat auch ihm (und 36 weiteren Putschisten) „zugestanden, daß sie bei ihren Handlungen von der Absicht geleitet wurden, dem Vaterland zu nutzen und ihm Rettung aus schwerster Not zu bringen" (Staatsarchiv München JVollZA Landsbg. 21)

7 Deuerlein, „Der Hitler-Putsch" (Stuttgart 1962) S. 330

8 Den vollständigen Text dieser Entwürfe enthält der immer noch nicht veröffentlichte, 1631 Seiten umfassende Bericht, den Wilhelm Hoegner als Mitberichterstatter des Ausschusses „Zur

Untersuchung der Vorgänge vom 1. Mai 1923 und der gegen Reichs- und Landesverfassung gerichteten Bestrebungen vom 26. September bis 9. November 1923" im Jahre 1927 dem Landtag erstattete (Bayerisches Hauptstaatsarchiv MA 103476, Seite 1169 ff.). Vgl. S. 137 ff.

9 Staatsarchiv München: Stanw 3103

10 Die Publizierung dieses aufschlußreichen Protokolls hat mir dankenswerterweise die Witwe Ehards, Frau Ministerialrätin a. D. Dr. Sieglinde Ehard gestattet. Original im Bayerischen Hauptstaatsarchiv „Nachlaß Hans Ehard".

11 Über den Kapp-Putsch berichtet Anm. 38

12 Der Bayerische Ministerpräsident Johannes Hoffmann (SPD) ist am 14. 3. 1920 mit Zustimmung seiner sozialdemokratischen Regierungskollegen zurückgetreten, als ihn Kahr, damals Regierungspräsident von Oberbayern, und dessen politische Gesinnungsfreunde dazu drängten, weil sonst Ordnung und Sicherheit nicht mehr gewährleistet seien. Ihm war mit dem Eingreifen der Reichswehr und der Einwohnerwehr gedroht worden.

13 Schon diese erste Vernehmung Hitlers sollte bei der entscheidenden Frage der Historiker nach der Legitimität seiner späteren „Machtübernahme" mehr als bisher beachtet werden. Hitler hat sich offenbar schon früh Gedanken über die Rechtmäßigkeit von politischen Machthabern gemacht, und man fragt sich, wo er diese in der Rechtsgeschichte seit je diskutierten Begriffe und Wortbildungen herhat. Hitler spielt hier in raffinierter Weise mit dem Begriff Naturrecht („natürliches Recht des Volkes"), das höher stehe als die Verfassung. Das ist im Grunde sogar richtig: Auch eine Verfassung kann nichts Naturrechtswidriges für verbindlich erklären. Die Verlogenheit Hitlers zeigt sich aber alsbald, als er, an die Macht gekommen, das ebenfalls im Naturrecht begründete Lebensrecht politischer Gegner und Fremdrassiger mißachtet und, ohne nach dem wirklichen Recht zu fragen, seinen Willen als verbindliches „Recht" anerkannt wissen wollte. Motto: „Der Führer hat immer recht."

14 Eine solche Veröffentlichung Rechtsanwalt Roders konnte ich nicht ermitteln.

15 Das berichtet unter anderem Ludwig Volk SJ „Akten Kardinal Michael von Faulhabers 1917 bis 1945", Bd. I, Seite LX.

16 Festblatt zur 62. Generalversammlung der Katholiken Deutschlands, Nr. 2 vom 28. August 1922, Seite 3, rechte Spalte oben, Verlag des Bayerischen Kurier, München. Dazu ausführlich mit einschlägigen Dokumenten Hugo Stehkämper „Konrad Adenauer als Katholikentagspräsident 1922", Mainz 1977.

17 „Ludwig Thoma, sämtliche Beiträge aus dem Miesbacher

Anzeiger 1920/21", kritisch ediert und kommentiert von Wilhelm Volkert, München 1989.

18 Sabine Sünwoldt, „Weiß Ferdl, eine weißblaue Karriere", München 1983, Seite 83.

19 Die Nachweise der einschlägigen Presseveröffentlichungen sind zusammengestellt und erläutert in der 1476 Seiten umfassenden Dissertation von Paul Hoser „Die politischen, wirtschaftlichen und sozialen Hintergründe der Münchner Tagespresse zwischen 1914 und 1934, Methoden der Pressebeeinflussung" (München 1988), hier: Seiten 629–642.

20 Das berichtet Karl Sommer (Ministerialrat und engster Mitarbeiter im Büro des Generalstaatskommissars) in seinen Erinnerungen „Beiträge zur bayerischen und deutschen Geschichte in der Zeit von 1910 bis 1933", Seite 205.

21 Entscheidungssammlung Bd. 58, S. 2 ff.

22 Abgedruckt bei Otto Gritschneder „Ich predige weiter", eine Dokumentation über „P. Rupert Mayer und das Dritte Reich", 2. Aufl., Rosenheim 1987, S. 12.

23 Übersicht v. 14. 5. 24 in der ministeriellen Justiz-Chronik.

24 Das berichtet Sommer, s. Anm. 20

25 Der Nachlaß Ehards mit der Durchschrift des Originalprotokolls des Hitler-Prozesses liegt im Hauptstaatsarchiv in München.

26 Akten des Generalklägers beim Kassationshof des bayerischen Sonderministeriums Gen. Reg. 2700/49 – Gerichtsakten des Prozesses gegen Anton Graf Arco (Staatsarchiv München ST. anw. 2295/2)

27 Das berichtet D. C. Watt in „Vierteljahrshefte für Zeitgeschichte" 1958, S. 270 ff.

28 Art. 37 dieses Gesetzes lautete: „Ist der Betroffene tot, so kann auf Anordnung des Ministers für politische Befreiung ein Verfahren zur ganzen oder teilweisen Einziehung des im Lande gelegenen Nachlasses ohne Rücksicht auf gesetzliche Erbfolge oder Letztwillige Verfügungen durchgeführt werden. Das Verfahren soll nur angeordnet werden, wenn der Betroffene als Hauptschuldiger oder Belasteter im Sinne dieses Gesetzes anzusehen ist."

29 Das Original steht nicht mehr zur Verfügung, weil Hitler die Akten beiseiteschaffen ließ. Der hier wiedergegebene Text ist der Abschrift entnommen, die bei den Akten der Staatsanwaltschaft liegt (Staatsarchiv München: Stanw 3098). – Text der Urteilsbegründung und die Ausführungen der Prozeßbeteiligten sind abgedruckt in „Der Hitler-Prozeß vor dem Volksgericht in München" (siehe Literaturhinweis S. 171)

30 In Wirklichkeit war für Teile der Hauptverhandlung die Öffentlichkeit ausgeschlossen.

31 Der besseren Übersicht halber habe ich in die Urteilsbegründung Zwischenüberschriften eingefügt und den (im Wortlaut unveränderten) Text umbruchmäßig aufgelockert.

32 Die hier fehlenden Anführungszeichen erwecken den Eindruck, als ob auch das Gericht Berlin für einen „Sitz des reichsverderbenden internationalen Marxismus" halten würde.

33 Ausführlich wiedergegeben in „Der Hitler-Prozeß vor dem Volksgericht in München" (vgl. Anm. 29)

34 Im Widerspruch zu diesem Bekenntnis zur Gesetzestreue hat das Gericht die Ausweisung Hitlers gegen den klaren Wortlaut des Gesetzes unterlassen; vgl. Seite 94.

35 Dieses in einer solchen Urteilsbegründung überflüssige lateinische Zitat ist noch dazu unvollständig und sinnwidrig gebraucht. Es heißt: „Fiat Justitia *et* pereat mundus". Dieses fehlende „et" (und) ist für die Erfassung des richtigen Sinnes dieses Rechts-Sprichwortes unerläßlich. Übersetzung: „Es geschehe Recht, und die Welt möge untergehen". Die immer wiederkehrende Deutung „Es möge Gerechtigkeit herrschen, auch wenn die Welt untergehe" verkennt, daß „Welt" hier „Pracht", „Hochmut" bedeutet. Richtig also: „Es muß Gerechtigkeit geübt werden und der Hochmut zu Fall kommen" (so D. Liebs in „Lateinische Rechtsregeln und Rechts-Sprichwörter", München 1982).

36 Diese „Feststellung" ist das Gegenteil von dem, was das Urteil eingangs ebenfalls „feststellt". Dort heißt es: „Jedenfalls hat Hitler nicht gesagt, daß die bayerische und die Reichsregierung abgesetzt und eine nationale Regierung gebildet sei." Solche Widersprüche in der Urteilsbegründung zeigen erneut die Eile, mit der die von den Beisitzern offensichtlich gar nicht mitberatenen Begründungstexte zustandegekommen sind.

37 „Niemand kann mehr Rechte auf einen anderen übertragen, als er selbst hat." Ein von unserer Rechtsordnung übernommener Grundsatz des Römischen Privatrechts.

38 Dieses grundlegende Reichsgerichtsurteil vom 21. 12. 1921 (Entscheidungssammlung Bd. 56, S. 259 ff.) betrifft den Kapp-Putsch: Am 13. März 1920 versuchten der alldeutsche Generallandschaftsdirektor Wolfgang Kapp (1858–1922) und General Walter von Lüttwitz (1859–1942) mit Hilfe der Marinebrigade Ehrhardt die Regierungsgewalt in die Hand zu bekommen. Sie besetzten das Reichskanzleramt in Berlin. Hitler war mit dem Flugzeug nach Berlin geflogen, um sich „irgendwie" einzuschalten, kam aber zu spät. Der Reichspräsident, der Reichskanzler und die meisten Minister flohen nach Stuttgart. Der Widerstand der Ministerialbürokratie und der Generalstreik der Gewerkschaften brachten den Putsch zum Scheitern. Gegen drei Mittäter fand ein Hochverratsprozeß statt. Die Zitate, die das Hitler-

Urteil mehrmals anführt, stammen aus diesem Reichsgerichtsurteil.

39 Das ist wieder eine verunglückte lateinische Wendung: „In extenso" heißt „ausführlich, in allen Einzelheiten", gemeint ist hier wohl „nebenbei", also etwa „implizite" (einschlußweise) oder „en passant" (im Vorübergehen, beiläufig).

40 Die auf diese Anzeigen hin eingeleiteten Ermittlungsverfahren hat die Staatsanwaltschaft eingestellt. (Mitteilung des Ersten Staatsanwalts Stenglein an Lossow vom 14. 5. 1924, Aktenzeichen XIX 566/23 und 243/24)

41 Das ist eine Verdrehung des erwiesenen Sachverhalts, die mit Irrtum oder bloßer Fahrlässigkeit nicht mehr zu erklären ist. In Wirklichkeit hatte Hitler, wenn er je an die Verläßlichkeit der mit Pistolen erzwungenen Erklärungen des „Triumvirates" geglaubt haben sollte, alsbald erfahren, daß Kahr, Lossow und Seißer den Putsch nicht unterstützten, sondern bekämpften. Allerspätestens hatte er das am Morgen des 9. November erkannt, als die Polizei den Putschisten den Übergang über die Ludwigsbrücke in das Stadtinnere verwehrte. Aber schon vorher hatte Ludendorff von Oberst Leupold die offizielle Mitteilung bekommen, daß das Triumvirat den Putsch mit Gewalt bekämpfen werde. Leupold berichtet darüber: „Es mag ungefähr 5 Uhr (früh) gewesen sein, als mich Exzellenz Ludendorff empfing. Er begab sich mit Hitler und mit mir in ein Zimmer, in dem keine weiteren Zeugen zugegen waren. Exzellenz Ludendorff ergriff zuerst das Wort und erzählte mir ... er habe die Führung der neu aufzustellenden Nationalarmee übernommen, weil sich die Herren von Kahr, von Lossow und von Seißer zur Übernahme der ihnen übertragenen Ämter bereit gefunden hatten. Nun sei er seit 11 Uhr hier im Wehrkreiskommando und warte auf Lossow.

Darauf erklärte ich: Zwischen 12 und 1 Uhr vormittag (also kurz nach Mitternacht – d. V.) traf bei der Infanterieschule Mitteilung des Generals von Lossow ein, daß die obengenannten Herren sich nicht an die Zusage gebunden erachten, weil sie unter Zwang abgegeben war ... Ich hätte General von Lossow persönlich gesprochen, dort die Bestätigung dieser Mitteilung erhalten und gehört, daß Truppen herangezogen würden, um, wenn nötig, mit Gewaltanwendung die Ordnung wiederherzustellen. Exzellenz Ludendorff erklärte mir, dies sei die erste Nachricht, die er von der veränderten Stellungnahme Lossows erhalte ... Hitler suchte die Sache in längerer Rede abzumildern, die darin gipfelte, daß eben ein Staatsstreich nicht ohne Gewalttätigkeiten abgehe, daß er nicht jeden seiner Leute in der Hand habe und daß er sich bei den Herren für Übergriffe entschuldigt habe ... Hitler ... erklärte am Schluß, daß er auch zu kämpfen und für seine Sache zu sterben entschlossen sei."

42 Hier fehlen wieder Anführungszeichen. Das zeigt erneut die Voreingenommenheit Neithardts.

43 In Wirklichkeit hat doch Hitler selbst bei jener Nötigung im Nebenzimmer des Bürgerbräukellers auf den Vorwurf Seißers hin den Wortbruch zugegeben und lediglich angefügt: „Ja, das habe ich getan, aber im Interesse des Vaterlandes. Verzeihen Sie mir!" (s. oben Seite 16)

44 Daß die „vaterlandsbegeisterten Männer", die hier den Tod fanden oder verwundet wurden, von Hitler verführte Putschisten waren, verschweigt das Gericht. Freilich ist ihr Tod beklagenswert, genauso wie der Tod der vielfach ebenso gutgläubigen Millionen, die Hitler dann 1939 bis 1945 in seinen verbrecherischen Angriffskrieg gehetzt hat. Die Tötung der vier Polizeibeamten durch die Putschisten verschweigt das Gericht auch hier, nicht einmal unter den „gewichtigen Straferschwerungsgründen" im nächsten Absatz findet sie Erwähnung.

45 Hier wendet das Gericht das Republikschutzgesetz als geltendes Recht an. Das bedeutet praktisch, daß es die Nichtanwendung dieses Gesetzes, die Kahr angeordnet hatte, nicht befolgen will. Das Gericht erkennt damit auch die Fortgeltung der Ausweisungsvorschrift des § 9 Abs. 2 des Republikschutzgesetzes an, die es, entgegen seinem klaren Wortlaut, auf Hitler allerdings nicht anwenden wollte.

46 Danach hat der Verurteilte die Gerichtskosten zu tragen.

47 Paul Hoser „Die politischen, wirtschaftlichen und sozialen Hintergründe der Münchner Tagespresse zwischen 1914 und 1934, Methoden der Pressebeeinflussung" (München 1988), hier: Seiten 629–642. (vgl. Anm. 19)

48 Deutsche Juristen-Zeitung 1924, Seite 330ff.

49 Deutsche Juristen-Zeitung 1924, Seite 288 und Seite 446

50 Hitler, Mein Kampf, Ausgabe 1944, Seite 611

51 Staatsarchiv München: Staatanw 3099

52 Staatsarchiv München: Staatanw 14344

53 abgedruckt auf Seite 52f.

54 Staatsarchiv München: Staatanw 3073

55 Deuerlein, S. 423

56 Bayerisches Hauptstaatsarchiv MA 103476

57 Hoegner schildert das ausführlich in „Die Justiz" Bd. 3 (1927/28) S. 315ff.

58 „Politische Geheimverbände" (Freiburg 1925) S. 114 (Vgl. Anm. 2)

59 Hoegner-Bericht S. 1169

60 Hoegner-Bericht S. 1346f.

61 Hoegner-Bericht S. 1237 ff.
62 Hoegner-Bericht S. 1285 f.
63 Hoegner-Bericht S. 1412–1430
64 So nannte der Preuße Hindenburg Hitler, weil er dessen Geburtsort Braunau in Böhmen vermutete.
65 Diesen Eid sah § 3 des Reichsministergesetzes vom 27. März 1930 vor. Die Urkunde über diese Eidesleistung Hitlers wird im Bundesarchiv in Koblenz im Aktenbestand „Reichskanzlei" unter der Signatur R 43 II/499 aufbewahrt.
66 Ludwig Volks SJ, Akten Kardinal Michael von Faulhabers, Band 1, Seite 673, Band 2, Seite 188.

Gesetze, Verordnungen, Erlasse
in der zur Zeit des Hitler-Prozesses geltenden Fassung

I. Deutsches Reich

*1. Strafgesetzbuch für das Deutsche Reich
vom 15. Mai 1871 in der Fassung vom 26. Februar 1876*

§ 47 (Mittäter)
Wenn mehrere eine strafbare Handlung gemeinschaftlich ausführen, so wird jeder als Täter bestraft.

§ 48 (Anstiftung)
I. Als Anstifter wird bestraft, wer einen anderen zu der von demselben begangenen strafbaren Handlung durch Geschenke oder Versprechen, durch Drohung, durch Mißbrauch des Ansehens oder der Gewalt, durch absichtliche Herbeiführung oder Beförderung eines Irrtums oder durch andere Mittel vorsätzlich bestimmt hat.
II. Die Strafe des Anstifters ist nach demjenigen Gesetze festzusetzen, welches auf die Handlung Anwendung findet, zu welcher er wissentlich angestiftet hat.

§ 49 (Beihilfe)
I. Als Gehilfe wird bestraft, wer dem Täter zur Begehung des Verbrechens oder Vergehens durch Rat oder Tat wissentlich Hilfe geleistet hat.
II. Die Strafe des Gehilfen ist nach demjenigen Gesetze festzusetzen, welches auf die Handlung Anwendung findet, zu welcher er wissentlich Hilfe geleistet hat, jedoch nach den über die Bestrafung des Versuches aufgestellten Grundsätzen zu ermäßigen.

§ 53 (Notwehr)
I. Eine strafbare Handlung ist nicht vorhanden, wenn die Handlung durch Notwehr geboten war.
II. Notwehr ist diejenige Verteidigung, welche erforderlich ist, um einen gegenwärtigen rechtswidrigen Angriff von sich oder einem anderen abzuwenden.
III. Die Überschreitung der Notwehr ist nicht strafbar, wenn der Täter in Bestürzung, Furcht oder Schrecken über die Grenzen der Verteidigung hinausgegangen ist.

§ 54 (Notstand)

Eine strafbare Handlung ist nicht vorhanden, wenn die Handlung außer dem Falle der Notwehr in einem unverschuldeten, auf andere Weise nicht zu beseitigenden Notstande zur Rettung aus einer gegenwärtigen Gefahr für Leib oder Leben des Täters oder eines Angehörigen begangen worden ist.

§ 60 (Anrechnung der Untersuchungshaft)

Eine erlittene Untersuchungshaft kann bei Fällung des Urteils auf die erkannte Strafe ganz oder teilweise angerechnet werden.

§ 80 (Hochverrat)

Der Mord und der Versuch des Mordes, welche an dem Kaiser, an dem eigenen Landesherrn oder während des Aufenthalts in einem Bundesstaate an dem Landesherrn dieses Staates verübt worden sind, werden als Hochverrat mit dem Tode bestraft.

§ 81 (Hochverrat)

I. Wer außer den Fällen des § 80 es unternimmt,
1. ...
2. die Verfassung des Deutschen Reichs oder eines Bundesstaats oder die in demselben bestehende Thronfolge gewaltsam zu ändern, ...
3. ...
4. ...

wird wegen Hochverrats mit lebenslänglichem Zuchthaus oder lebenslänglicher Festungshaft bestraft.
II. Sind mildernde Umstände vorhanden, so tritt Festungshaft nicht unter fünf Jahren ein.
III. Neben der Festungshaft kann auf Verlust der bekleideten öffentlichen Ämter sowie der aus öffentlichen Wahlen hervorgegangenen Rechte erkannt werden.

§ 82 (Hochverrat)

Als ein Unternehmen, durch welches das Verbrechen des Hochverrats vollendet wird, ist jede Handlung anzusehen, durch welche das Vorhaben unmittelbar zur Ausführung gebracht werden soll.

§ 125 (Landfriedensbruch)

I. Wenn sich eine Menschenmenge öffentlich zusammenrottet und mit vereinten Kräften gegen Personen oder Sachen Gewalttätigkeiten begeht, so wird jeder, welcher an dieser Zusammenrottung teilnimmt, wegen Landfriedensbruches mit Gefängnis nicht unter drei Monaten bestraft.
II. Die Rädelsführer, sowie diejenigen, welche Gewalttätigkeiten gegen Personen begangen oder Sachen geplündert, vernichtet

oder zerstört haben, werden mit Zuchthaus bis zu zehn Jahren bestraft; auch kann auf Zulässigkeit von Polizeiaufsicht erkannt werden. Sind mildernde Umstände vorhanden, so tritt Gefängnisstrafe nicht unter sechs Monaten ein.

§ 127 (Bewaffnete Haufen)

I. Wer unbefugterweise einen bewaffneten Haufen bildet oder befehligt oder eine Mannschaft, von der er weiß, daß sie ohne gesetzliche Befugnis gesammelt ist, mit Waffen oder Kriegsbedürfnissen versieht, wird mit Gefängnis bis zu zwei Jahren bestraft.

II. ...

§ 128 (Verfassungsfeindliche Verbindungen)

I. Die Teilnahme an einer Verbindung, deren Dasein, Verfassung oder Zweck vor der Staatsregierung geheim gehalten werden soll, oder in welcher gegen unbekannte Obere Gehorsam oder gegen bekannte Obere unbedingter Gehorsam versprochen wird, ist an den Mitgliedern mit Gefängnis bis zu sechs Monaten, an den Stiftern und Vorstehern der Verbindung mit Gefängnis von einem Monat bis zu einem Jahr zu bestrafen.

II. Gegen Beamte kann auf Verlust der Fähigkeit zur Bekleidung öffentlicher Ämter auf die Dauer von einem bis zu fünf Jahren erkannt werden.

§ 129 (Behinderung der staatlichen Tätigkeit)

I. Die Teilnahme an einer Verbindung, zu deren Zwecken oder Beschäftigungen gehört, Maßregeln der Verwaltung oder die Vollziehung von Gesetzen durch ungesetzliche Mittel zu verhindern oder zu entkräften, ist an den Mitgliedern mit Gefängnis bis zu einem Jahr, an den Stiftern und Vorstehern der Verbindung mit Gefängnis von drei Monaten bis zu zwei Jahren zu bestrafen.

II. Gegen Beamte kann auf Verlust der Fähigkeit zur Bekleidung öffentlicher Ämter auf die Dauer von einem bis zu fünf Jahren erkannt werden.

§ 211 (Mord)

Wer vorsätzlich einen Menschen tötet, wird, wenn er die Tötung mit Überlegung ausgeführt hat, wegen Mordes mit dem Tode bestraft.

§ 212 (Totschlag)

Wer vorsätzlich einen Menschen tötet, wird, wenn er die Tötung nicht mit Überlegung ausgeführt hat, wegen Totschlages mit Zuchthaus nicht unter fünf Jahren bestraft.

§ 240 (Nötigung)
I. Wer einen anderen widerrechtlich durch Gewalt oder durch Bedrohung mit einem Verbrechen oder Vergehen zu einer Handlung, Duldung oder Unterlassung nötigt, wird mit Gefängnis bis zu einem Jahre oder mit Geldstrafe bis zu sechshundert Mark bestraft.
II. Der Versuch ist strafbar.

§ 249 (Raub)
I. Wer mit Gewalt gegen eine Person oder unter Anwendung von Drohungen mit gegenwärtiger Gefahr für Leib oder Leben eine fremde bewegliche Sache einem anderen in der Absicht wegnimmt, sich dieselbe rechtswidrig zuzueignen, wird wegen Raubes mit Zuchthaus bestraft.
II. Sind mildernde Umstände vorhanden, so tritt Gefängnisstrafe nicht unter sechs Monaten ein.

§ 250 (Schwerer Raub)
I. Auf Zuchthaus nicht unter fünf Jahren ist zu erkennen, wenn
1. der Räuber oder einer der Teilnehmer am Raube bei Begehung der Tat Waffen bei sich führt; ...
2. ... 3. ... 4. ... 5. ...
II. Sind mildernde Umstände vorhanden, so tritt Gefängnisstrafe nicht unter einem Jahr ein.

2. Vereinsgesetz vom 19. April 1908,
geändert durch Gesetze vom 26. Juni 1916 und vom 19. April 1917

§ 11 (Waffenverbot bei Versammlungen)
Niemand darf in einer öffentlichen Versammlung oder einem Aufzuge, der auf öffentlichen Straßen oder Plätzen stattfinden soll, bewaffnet erscheinen, es sei denn, daß er vermöge öffentlichen Berufs zum Waffentragen berechtigt oder zum Erscheinen mit Waffen behördlich ermächtigt ist.

§ 19 (Strafbestimmung)
Mit Geldstrafe oder mit Haft wird bestraft: ...
1. ...
2. wer unbefugt in einer Versammlung oder in einem Aufzuge bewaffnet erscheint (§ 11);

3. Verordnung über Waffenbesitz vom 13. Januar 1919
§ 3 (Waffenbesitz-Verbot)
I. Wer nach Ablauf der Ablieferungsfrist im unbefugten Besitze von Waffen oder Munition ... betroffen wird, wird mit Gefängnis bis zu fünf Jahren und mit Geldstrafe oder mit einer dieser Strafen bestraft.

II. Sollten die Waffen oder die Munition zu Gewalttätigkeiten gegen Personen oder Sachen verwendet werden, so ist die Strafe Zuchthaus bis zu fünf Jahren, bei mildernden Umständen Gefängnis nicht unter drei Monaten.

4. Die Verfassung des Deutschen Reichs vom 11. August 1919 (Weimarer Verfassung)

Art. 13 (Reichsrecht vor Landrecht)

I. Reichsrecht bricht Landrecht. ...
II. Bestehen Zweifel oder Meinungsverschiedenheiten darüber, ob eine landesrechtliche Vorschrift mit dem Reichsrecht vereinbar ist, so kann die zuständige Reichs- oder Landeszentralbehörde nach näherer Vorschrift eines Reichsgesetzes die Entscheidung eines obersten Gerichtshofs des Reichs anrufen.

Art. 48 (Notverordnungsrecht des Reichspräsidenten)

I. Wenn ein Land die ihm nach der Reichsverfassung oder den Reichsgesetzen obliegenden Pflichten nicht erfüllt, kann der Reichspräsident es dazu mit Hilfe der bewaffneten Macht anhalten.
II. Der Reichspräsident kann, wenn im Deutschen Reiche die öffentliche Sicherheit und Ordnung erheblich gestört oder gefährdet wird, die zur Wiederherstellung der öffentlichen Sicherheit und Ordnung nötigen Maßnahmen treffen, erforderlichenfalls mit Hilfe der bewaffneten Macht einschreiten. Zu diesem Zwecke darf er vorübergehend die ... Grundrechte ganz oder zum Teil außer Kraft setzen.
III. Von allen gemäß Abs. 1 oder Abs. 2 dieses Artikels getroffenen Maßnahmen hat der Reichspräsident unverzüglich dem Reichstag Kenntnis zu geben. Die Maßnahmen sind auf Verlangen des Reichstags außer Kraft zu setzen.
IV. Bei Gefahr im Verzuge kann die Landesregierung für ihr Gebiet einstweilige Maßnahmen der in Abs. 2 bezeichneten Art treffen. Die Maßnahmen sind auf Verlangen des Reichspräsidenten oder des Reichstags außer Kraft zu setzen.
V. Das Nähere bestimmt ein Reichsgesetz.

Art. 54 (Ministerverantwortlichkeit)

Der Reichskanzler und die Reichsminister bedürfen zu ihrer Amtsführung des Vertrauens des Reichstags. Jeder von ihnen muß zurücktreten, wenn ihm der Reichstag durch ausdrücklichen Beschluß sein Vertrauen entzieht.

Art. 105 (Keine Ausnahmegerichte)

I. Ausnahmegerichte sind unstatthaft. Niemand darf seinem gesetzlichen Richter entzogen werden. ...

5. Gesetz zum Schutze der Republik vom 21. Juli 1922

§ 7 (Staatsfeindliches Verhalten)

I. Mit Gefängnis von drei Monaten bis zu fünf Jahren wird, soweit nicht andere Vorschriften eine schwerere Strafe androhen, bestraft:

1. wer gegen Mitglieder der republikanischen Regierung des Reichs oder eines Landes einen Angriff auf Leib oder Leben (Gewalttätigkeit) begeht oder mit einem anderen verabredet, oder wer zu einer solchen Gewalttätigkeit auffordert; ...
2. ...
3. wer öffentlich oder in einer Versammlung ... Gewalttätigkeiten, die gegen Mitglieder der republikanischen Regierung des Reichs oder eines Landes begangen worden sind, verherrlicht oder ausdrücklich billigt, wer solche Taten belohnt oder den Täter oder Teilnehmer begünstigt;
4. wer an einer ... staatsfeindlichen Verbindung (§§ 128, 129 des Strafgesetzbuchs), die die Bestrebung verfolgt, die verfassungsmäßig festgestellte republikanische Staatsform des Reichs oder eines Landes zu untergraben, teilnimmt oder sie oder im Dienste ihrer Bestrebungen ein Mitglied mit Rat oder Tat, insbesondere durch Geld, unterstützt;
5. wer sich einer ... staatsfeindlichen Verbindung ... anschließt, die selbst oder deren Mitglieder unbefugt Waffen besitzen; ...
6. ...

II. In besonders schweren Fällen ist die Strafe Zuchthaus.
III. Neben der Freiheitsstrafe ist auf Geldstrafe bis zu fünf Millionen Mark zu erkennen.

§ 8 (Beschimpfung der Republik)

I. Mit Gefängnis bis zu fünf Jahren, neben dem auf Geldstrafe bis zu einer Million Mark erkannt werden kann, wird bestraft,

1. wer öffentlich oder in einer Versammlung die verfassungsmäßig festgestellte republikanische Staatsform des Reichs oder eines Landes beschimpft oder dadurch herabwürdigt, daß er Mitglieder der republikanischen Regierung des Reichs oder eines Landes beschimpft oder verleumdet;
2. wer öffentlich oder in einer Versammlung die Reichs- oder Landesfarben beschimpft;
3. ...

§ 9 (Geldstrafe, Ausweisung)

I. Neben jeder Verurteilung wegen Hochverrats ... ist auf Geldstrafe zu erkennen; die Höhe der Geldstrafe ist nicht beschränkt.
II. Dem Verurteilten kann im Urteil der Aufenthalt in bestimmten Teilen oder an bestimmten Orten des Reichs auf die Dauer bis zu

fünf Jahren angewiesen werden; gegen Ausländer ist auf Ausweisung aus dem Reichsgebiete zu erkennen. Zuwiderhandlungen gegen diese Anordnungen werden mit Gefängnis bestraft.

§ 12 (Errichtung des Staatsgerichtshofs)
I. Bei dem Reichsgerichte wird ein Staatsgerichtshof zum Schutze der Republik errichtet.

§ 13 (Zuständigkeit des Staatsgerichtshofs)
I. Der Staatsgerichtshof ist zuständig für ... Hochverrat ...
II. ...
III. Der Oberreichsanwalt kann eine Untersuchung an die zuständige Staatsanwaltschaft abgeben. Der Staatsgerichtshof kann eine bei ihm anhängig gewordene Untersuchung auf Antrag des Oberreichsanwalts zum ordentlichen Verfahren verweisen.
IV. ...

§ 24 (Geschützter Personenkreis)
Mitglieder der republikanischen Regierungen des Reichs und der Länder im Sinne dieses Gesetzes sind der Reichspräsident sowie alle Regierungsmitglieder, die einer aus allgemeiner, gleicher, unmittelbarer und geheimer Wahl hervorgegangenen Volksvertretung verantwortlich sind oder waren.

*6. Verordnung des Reichspräsidenten
aufgrund des Artikels 48 Abs. 2 der Reichsverfassung,
betreffend die zur Wiederherstellung
der öffentlichen Sicherheit und Ordnung
für das Reichsgebiet nötigen Maßnahmen
vom 26. September 1923*

§ 2 (Vollziehende Gewalt beim Reichswehrminister)
I. Mit der Bekanntmachung dieser Verordnung geht die vollziehende Gewalt auf den Reichswehrminister über, der sie auf Militärbefehlshaber übertragen kann.
II. Im Einvernehmen mit dem Reichsminister des Innern kann der Reichswehrminister zur Mitwirkung bei Ausübung der vollziehenden Gewalt auf dem Gebiete der Zivilverwaltung Regierungskommissare ernennen.

§ 5 (Todesstrafe)
I. Die in den §§ 81 ... des Strafgesetzbuchs mit lebenslänglichem Zuchthaus bedrohten Verbrechen sind mit dem Tode zu bestrafen, wenn sie nach der Verkündung der Verordnung begangen sind.
II. Unter der gleichen Voraussetzung kann im Falle des § 92 (Landesverrat) des Strafgesetzbuchs auf Todesstrafe erkannt wer-

den; ebenso in den Fällen des § 125 Abs. 2 (Rädelsführer und Gewalttätigkeiten bei Zusammenrottungen) und § 115 Abs. 2 (Rädelsführer und Widerstand bei Aufruhr), wenn der Täter den Widerstand, die Gewalt oder Drohung mit Waffen oder im bewußten und gewollten Zusammentreffen mit Bewaffneten begangen hat.

7. Strafprozeßordnung
vom 1. Februar 1877
in der Fassung vom 22. März 1924

§ 267 (Urteilsgründe)

I. (Inhalt der Urteilsgründe) Wird der Angeklagte verurteilt, so müssen die Urteilsgründe die für erwiesen erachteten Tatsachen angeben, in welchen die gesetzlichen Merkmale der strafbaren Handlung gefunden werden. Insoweit der Beweis aus anderen Tatsachen gefolgert wird, sollen auch diese Tatsachen angegeben werden.

II. (Nennung der besonderen Strafbarkeitsumstände) Waren in der Verhandlung solche vom Strafgesetze besonders vorgesehene Umstände behauptet worden, welche die Strafbarkeit ausschließen, vermindern oder erhöhen, so müssen die Urteilsgründe sich darüber aussprechen, ob diese Umstände für festgestellt oder für nicht festgestellt erachtet werden.

III. (Bezeichnung der Gesetze, Strafzumessungsgründe und der mildernden Umstände) Die Gründe des Strafurteils müssen ferner das zur Anwendung gebrachte Strafgesetz bezeichnen und sollen die Umstände anführen, welche für die Zumessung der Strafe bestimmend gewesen sind. Macht das Strafgesetz die Anwendung einer geringeren Strafe von dem Vorhandensein mildernder Umstände im allgemeinen abhängig, so müssen die Urteilsgründe die hierüber getroffene Entscheidung ergeben, sofern das Vorhandensein solcher Umstände angenommen oder einem in der Verhandlung gestellten Antrag entgegen verneint wird.

§ 275 (Unterschrift der Richter)

I. Das Urteil mit den Gründen ist binnen einer Woche nach der Verkündung zu den Akten zu bringen, falls es nicht bereits vollständig in das Protokoll aufgenommen worden ist.

II. Es ist von den Richtern, welche bei der Entscheidung mitgewirkt haben, zu unterschreiben. Ist ein Richter verhindert, seine Unterschrift beizufügen, so wird dies unter Angabe des Verhinderungsgrundes von dem Vorsitzenden und bei dessen Verhinderung von dem ältesten beisitzenden Richter unter dem Urteil bemerkt. Der Unterschrift der Schöffen und der Geschworenen bedarf es nicht.

II. Freistaat Bayern

Über das heute noch umstrittene Verhältnis der damaligen Reichsgesetze zu den damaligen bayerischen Gesetzen berichtet mit vielen Einzelhinweisen der damalige Präsident des Oberlandesgerichts München, Staatsrat K. Meyer in der Deutschen Juristen-Zeitung 1924, Spalte 257 ff.; er spricht von einer „Verfassungs- und Regierungskrise".

A Ordentliche Justiz

1. Verfassung des Freistaates Bayern vom 14. August 1919

§ *4 (Gesamtministerium)*
Das Gesamtministerium ist die oberste vollziehende und leitende Behörde des Staates. Es wird von dem Landtage bestellt und ist diesem verantwortlich.

§ *10 (Volksbegehren)*
I. Volksbegehren können ... gerichtet werden
1. ...
2. auf Erlaß, Abänderung und Aufhebung von Gesetzen ...

§ *64 (Notverordnungsrecht des Gesamtministeriums)*
Das Gesamtministerium wacht über die Sicherheit des Staates. Es hat bei drohender Gefahr die Maßnahmen zu ergreifen, welche die Ruhe und Ordnung im Innern sichern oder gegenüber der Gefahr eines Angriffes von außen unmittelbar erforderlich sind. Zu diesem Zwecke kann es vorübergehend die verfassungsmäßigen Grundrechte ganz oder teilweise außer Kraft setzen.

*2.a (Bayerische) Bekanntmachung über Begnadigung,
Strafaufschub, Änderung des Straforts,
beschränkte Auskunft aus dem Strafregister
und Tilgung von Strafvermerken
vom 5. März 1922*

§ *13 (Zuständigkeit der Gerichte)*
I. Die Gerichte sind ermächtigt, Personen, die ... zu einer zeitigen Freiheitsstrafe verurteilt sind, für die ganze Freiheitsstrafe oder einen Teil davon eine Bewährungsfrist zu bewilligen, damit der Verurteilte sich durch gute Führung während der Frist Straferlaß verdienen kann, die Bewährungsfrist zu verlängern, bei schlechter Führung des Verurteilten die Bewilligung der Bewährungsfrist zu widerrufen und im Falle guter Führung während der Bewährungsfrist nach ihrem Ablauf den Erlaß der Strafe auszusprechen.

§ *14 (Bewährung nur bei guter Führung)*
I. Eine Bewährungsfrist darf nur Verurteilten bewilligt werden,

die nach ihren persönlichen Verhältnissen und nach den Umständen der Tat besondere Berücksichtigung verdienen und die Erwartung rechtfertigen, daß sie sich auch ohne die ganze oder die teilweise Vollstreckung der Strafe künftig wohl verhalten werden. Bei der Entscheidung ist besonders zu berücksichtigen, ob der Verurteilte sich nach Kräften bemüht hat, den durch die Tat entstandenen Schaden wieder gutzumachen. . . .
II. Für die ganze Strafe darf einem Verurteilten keine Bewährungsfrist bewilligt werden, wenn Zuchthausstrafe ausgesprochen wird. In der Regel soll dies auch dann nicht geschehen, wenn der Verurteilte im Inland schon zu einer Freiheitsstrafe von mindestens drei Monaten verurteilt war, es sei denn, daß seit Verbüßung, Verjährung oder Erlaß der Strafe zehn Jahre verstrichen sind.

§ 18 (Änderung der Bewährungsfristen)

I. Das Gericht erster Instanz kann, auch wenn es sich nicht bei Erlaß des Urteils oder Strafbefehls die Entscheidung über die Bewilligung einer Bewährungsfrist vorbehalten hat, eine solche nachträglich auf Antrag oder von Amts wegen nach Anhörung der Staatsanwaltschaft treffen. Die nachträgliche Bewilligung einer Bewährungsfrist kann insbesondere veranlaßt sein, wenn die Strafe ohne Verschulden des Verurteilten längere Zeit nicht vollstreckt werden konnte und der Verurteilte sich in der Zwischenzeit gut geführt hat.
II. Der Beschluß, durch den eine Bewährungsfrist bewilligt wurde, kann von dem Gericht, das ihn erlassen hat, wieder aufgehoben werden, wenn dem Gericht nachträglich Tatsachen bekannt werden, die allein oder zusammen mit den schon früher bekannten Tatsachen es von der Bewilligung einer Bewährungsfrist abgehalten hätten.
III. . . .

§ 20 (Inaussichtstellung von Bewährung)

I. Das Gericht kann auch beschließen, daß der Verurteilte erst nach Verbüßung eines bestimmten Teiles der Strafe im Falle guter Führung während der Strafvollstreckung eine Bewährungsfrist erhalten soll. Von einem solchen Beschlusse hat die Strafvollstreckungsbehörde der Behörde Kenntnis zu geben, die sie um den Strafvollzug ersucht. Kurz vor Ablauf des von dem Verurteilten zu verbüßenden Teiles der Strafe hat die Staatsanwaltschaft eine Äußerung der Beamtenkonferenz der Strafanstalt oder des Vorstandes des Gerichtsgefängnisses einzuholen, ob die Bedingung guter Führung während der Strafvollstreckung erfüllt ist. In zweifelhaften Fällen hat sie eine Entscheidung des Gerichts darüber herbeizuführen. Wenn die ausgesprochene Freiheitsstrafe sechs Monate oder noch darüber beträgt, darf nur ausnahmsweise schon vor Antritt der Strafe für einen Teil davon eine Bewährungsfrist in Aussicht gestellt werden.

§ 24 (Dauer der Bewährungsfrist)
I. Die Dauer der Bewährungsfrist bemißt sich nach den Umständen des einzelnen Falles und nach der Schwere der ausgesprochenen Strafe.

§ 28 (Verlängerung der Bewährungsfrist)
I. Das Gericht kann, wenn es aus besonderen Gründen angezeigt ist, innerhalb der Grenzen der Verjährung der Strafe die Bewährungsfrist verlängern. Es kann auch nachträglich dem Verurteilten besondere Verpflichtungen ... auferlegen, wenn sich ein Anlaß dazu ergibt.
II. Führt sich der Verurteilte während der Bewährungsfrist schlecht oder handelt er den ihm auferlegten besonderen Verpflichtungen zuwider, so kann das Gericht die Bewilligung der Bewährungsfrist widerrufen; die Strafe ist dann unverzüglich zu vollstrecken.

§ 29 (Widerruf bei neuer Strafe)
I. Wird der Verurteilte, bevor seine Strafe erlassen ist, wegen einer vor oder während der Bewährungsfrist begangenen Straftat durch ein bayerisches Gericht von neuem verurteilt, so hat dieses Gericht, soferne nicht die Bewährungsfrist durch die Bildung einer Gesamtstrafe gegenstandslos wird, über den Widerruf zu entscheiden. ...
II. Lautet die neue Erkenntnis auf eine Freiheitsstrafe, so darf das Gericht in der Regel vom Widerruf nur absehen, wenn es auch für die neue Strafe eine Bewährungsfrist bewilligt. Bei Widerruf und Versagung einer neuen Bewährungsfrist sind tunlichst die beiden Strafen im Anschluß aneinander zu vollstrecken.

§ 31
I. Erfolgt ein Widerruf nicht, so sind kurz vor Ablauf der Bewährungsfrist durch die Staatsanwaltschaft ... Ermittelungen darüber anzustellen, ob der Verurteilte sich gut geführt hat und des Straferlasses würdig ist. Der Umfang der Ermittelungen hängt von den Umständen des Falles, der Schwere der Straftat und der Persönlichkeit des Verurteilten ab.
II. ...
III. Wird die Strafe nicht erlassen, so ist sie unverzüglich zu vollstrecken.

§ 34 (Beschwerde)
I. Gegen die Entscheidungen der Gerichte nach den Vorschriften dieses Abschnitts kann von dem Verurteilten, dem Antragsteller

und der Staatsanwaltschaft binnen einer Frist von zwei Wochen Beschwerde eingelegt werden ...
II. ...
III. Über die Beschwerde entscheidet, wenn sie sich gegen Beschlüsse der Strafkammern ... des Volksgerichts ... richtet, ein Strafsenat des Obersten Landesgerichts ...

2.b Ministerialbekanntmachung vom 14. Juni 1924
Zu § 14
Eine Bewährungsfrist darf nicht bewilligt werden, wenn die allgemeinen Interessen ... entgegenstehen ...

Zu § 31
a) Für die Entscheidung darüber, ob die Strafe wegen guter Führung erlassen werden kann, ist das Gesamtverhalten des Verurteilten während der Bewährungsfrist maßgebend. Die Tatsache allein, daß der Verurteilte nicht mehr bestraft wurde, genügt nicht zur Annahme einer guten Führung. Andererseits steht eine weitere Bestrafung wegen einer geringfügigen Straftat der Annahme einer guten Führung nicht ohne weiteres entgegen.
b) ...

3. Verordnung
zum Schutze der Verfassung der Republik
vom 24. Juli 1922
„... sieht sich das bayerische Gesamtministerium veranlaßt, aufgrund des § 64 der Verfassungsurkunde des Freistaates Bayern, des Art. 48 Absatz IV der Reichsverfassung und auf Grund der staatlichen Hoheitsrechte Bayerns zur Aufrechterhaltung der öffentlichen Sicherheit und Ordnung die folgenden Anordnungen zu treffen:
An die Stelle des Reichsgesetzes zum Schutze der Republik vom 21. Juli 1922 treten für das rechtsrheinische Bayern bis auf weiteres die folgenden Vorschriften:

Art. 2 (Zuständigkeit der Volksgerichte)
Für die in den §§ 1–8 des Reichsgesetzes zum Schutze der Republik bezeichneten Handlungen, gleichgültig, ob sie nach diesem Gesetz oder anderen Gesetzen strafbar sind, für Hochverrat sowie für Tötung und Tötungsversuch, begangen gegen Mitglieder einer früheren republikanischen Regierung, sind die Volksgerichte zuständig. Sie sind auch zuständig für Handlungen, die mit den nach Satz 1 zu ihrer Zuständigkeit gehörenden Handlungen im tatsächlichen Zusammenhange stehen.
Für das Verfahren gelten entsprechend die Art. 6 bis 17, 20 bis 24 des Gesetzes vom 12. Juli 1919 über die Einsetzung von Volksge-

richten bei inneren Unruhen. Die Ausführungsvorschriften erläßt das Staatsministerium der Justiz im Einverständnis mit dem Staatsministerium des Innern ...

Art. 5 (Tätigkeitsverbot für außerbayerische Polizeiorgane)
Nichtbayerischen Polizeiorganen ist innerhalb des Geltungsbereichs dieser Verordnung die selbständige Vornahme von Amtshandlungen in Bayern verboten.

*4 a) Verordnung
zum Schutze der öffentlichen Sicherheit und Ordnung
vom 26. September 1923*

...
Auf Grund des Art. 48 Abs. IV der Verfassung des Deutschen Reiches und des § 64 der bayerischen Verfassungsurkunde wird für Bayern bis auf weiteres der Regierungspräsident von Oberbayern Dr. von Kahr als Generalstaatskommissar bestellt.
...
Es sind Beschränkungen der persönlichen Freiheit, des Rechtes der freien Meinungsäußerung einschließlich der Pressefreiheit, des Vereins- und Versammlungsrechtes, des Brief-, Post-, Telegraphen- und Fernsprechgeheimnisses, Anordnung von Haussuchungen und Beschlagnahmen und Beschränkungen des Eigentums auch außerhalb der sonst hierfür bestimmten gesetzlichen Grenzen zulässig.
Mit der Verkündung dieser Verordnung geht die vollziehende Gewalt auf den Generalstaatskommissar über.
Sämtliche Behörden des Reiches, des Landes und der Gemeinden bleiben in ihrer Tätigkeit, haben aber mit Ausnahme der Gerichte, Verwaltungsgerichte und Militärbehörden den Anordnungen und Verfügungen des Generalstaatskommissars Folge zu leisten.

4 b)
Aufgrund dieser Verordnung hat der Generalstaatskommissar am 28. September 1923 den Vollzug des Gesetzes zum Schutz der Republik für Bayern bis auf weiteres eingestellt. Die Justiz-Chronik des Ministeriums berichtet dazu: „Er verbietet den bayerischen Polizei- und Strafverfolgungsbehörden jede Mitwirkung beim Vollzug des Gesetzes, außerbayerischen Beamten, auf Grund des Gesetzes Amtshandlungen in Bayern vorzunehmen."

*5. Gesetz über Straffreiheit vom 21. Dezember 1925
mit erläuternder Ministerialbekanntmachung*

Artikel 5 (Ausschließung von der Amnestie):
Von dem Straferlaß und der Niederschlagung ... sind die Personen ausgeschlossen, die

1. zur Durchführung der Straftat oder im Zusammenhange damit ein Verbrechen gegen das Leben ..., ein Verbrechen der schweren Körperverletzung ..., des schweren Raubes ..., begangen haben oder
2. ...
3. einen Hochverrat (Verbrechen gegen die §§ 81 bis 86 des Strafgesetzbuchs) begangen haben, nachdem sie wegen einer solchen Straftat bestraft worden waren, auch wenn die frühere Strafe nur teilweise verbüßt oder ganz oder teilweise erlassen worden war.

B *Ausnahme-Gerichte*
(Volksgerichte)

1. Die Regierung Eisner hat schon eine Woche nach der Regierungsbildung, nämlich bereits am *16. November 1918*, eine *„Verordnung über die Errichtung von Volksgerichten"* erlassen. Drei Tage später, nämlich am *19. November 1918*, wurde diese Verordnung ergänzt. Hier sind folgende Paragraphen von Bedeutung:

§ *1 (Zuständigkeit)*
Zivil- und Militärpersonen, die bei der Verübung von Mord, Totschlag, Notzucht, Raub, Plünderung, Einbruchdiebstahl und Brandstiftung auf frischer Tat betroffen werden, werden in den Bezirken, wo Volksgerichte des Volksstaats eingesetzt sind, von diesen Gerichten abgeurteilt.

§ *2 (Erweiterte Zuständigkeit)*
I. Für die Bestrafung gelten die allgemeinen strafrechtlichen Vorschriften.
II. Mord, Totschlag, Notzucht, Raub, Plünderung und Brandstiftung werden mit der vollen Schwere des Gesetzes geahndet.

§ *3 (Besetzung des Gerichts)*
I. Das Volksgericht entscheidet in der Besetzung von zwei Berufsrichtern und drei Laienrichtern.
II. ...

§ *5 (Qualifizierte Mehrheit)*
I. Zur Verurteilung oder Freisprechung ist eine Mehrheit von vier Stimmen erforderlich.
II. Ergibt sich diese Mehrheit nicht, so ist der Beschuldigte an das für ihn sonst zuständige ordentliche Gericht zu verweisen.

Am selben 19. November erließ der Justizminister eine „Bekanntmachung über die Volksgerichte", die unter anderem folgende Einzelheiten regelt:

§ *13 (Keine Rechtsmittel)*

Gegen die Entscheidungen des Volksgerichts und des Vorsitzenden sind Rechtsmittel nicht zulässig.

§ 25 (Beratung und Abstimmung)

I. Bei der geheimen Beratung und Abstimmung über das Urteil stimmen die Richter nach dem Lebensalter ab, der jüngste zuerst, der Vorsitzende zuletzt.

II. Zunächst ist mit einfacher Stimmenmehrheit darüber zu entscheiden, ob das Volksgericht zuständig ist.

III. Dann folgt die Beratung und Abstimmung über die Schuldfrage.

IV. Erklärt eine Mehrheit von mindestens 4 Stimmen den Beschuldigten für unschuldig, so ist er sofort freizusprechen und, wenn er verhaftet ist, auf freien Fuß zu setzen.

V. Spricht sich eine Mehrheit von mindestens 4 Stimmen für die Schuld des Beschuldigten aus, so wird weiter ... über die Strafe abgestimmt.

VI. Ergibt sich weder für die Freisprechung noch für die Verurteilung eine Mehrheit von mindestens 4 Stimmen, so ist der Beschuldigte an das für ihn sonst zuständige ordentliche Gericht (bürgerliches Gericht oder Militärgericht) zu verweisen. Er bleibt in Haft, bis das ordentliche Gericht über deren Fortdauer oder Aufhebung entschieden hat. Ist er auf freiem Fuß, so kann das Volksgericht seine Verhaftung anordnen oder der Staatsanwalt ihn vorläufig festnehmen lassen.

§ 26 (Erlaß und Begründung des Urteils)

I. Die Urteilsformel ist schriftlich abzufassen und durch Verlesen zu verkünden.

II. Im Anschlusse daran hat der Vorsitzende die Urteilsgründe mündlich bekanntzugeben.

III. Bei Verurteilung oder Freisprechung hat der Vorsitzende auch mitzuteilen, mit wieviel Stimmen die Schuld oder Unschuld des Beschuldigten festgestellt wurde.

IV. Die Urteilsformel ist von allen Richtern zu unterschreiben.

V. Die schriftliche Abfassung der Urteilsgründe ist nicht erforderlich.

2. Ein regelrechtes *„Gesetz über die Einsetzung von Volksgerichten bei inneren Unruhen"* erließ dann erst der Landtag am *12. Juli 1919;* es hat im wesentlichen denselben Inhalt wie die bisherigen Verordnungen über Volksgerichte. Jedoch wird deren Zuständigkeit nunmehr auch auf Hochverrat und Landesverrat erweitert:

Art. 3 (Aufforderung zu Verbrechen)

Wer in Bezirken, für die Volksgerichte eingesetzt sind,

a) zu Hochverrat, Landesverrat, Mord, Raub, Brandstiftung ...
oder zum Widerstande gegen die Staatsgewalt auffordert,
b) öffentliche Beamte oder Personen des Soldatenstandes zu einer strafbaren Handlung gegen die Pflichten der Unterordnung oder zur Verletzung einer sonstigen Dienstpflicht auffordert,
wird, wenn nicht die Gesetze eine schwerere Strafe androhen, mit Gefängnis bis zu einem Jahr bestraft.

Art. 4 (Zuständigkeitskatalog)
Folgende Verbrechen und Vergehen werden, wenn sie in einem Bezirke, für den ein Volksgericht eingesetzt ist, ... begangen oder fortgesetzt werden, durch das Volksgericht abgeurteilt:
1. Hochverrat und Landesverrat,
2. ...
3. Verbrechen und Vergehen des Widerstandes gegen die Staatsgewalt,
4. ...
5. ...
6. Mord, Totschlag, Raub und Erpressung ...
7. ...
8. ...
9. Verbrechen gegen das Sprengstoffgesetz,
10. die nach Art. 3 dieses Gesetzes strafbaren Handlungen,
11. ...

Art. 20 (Keine Rechtsmittel)
Gegen die Urteile des Volksgerichts gibt es kein Rechtsmittel. Auch die Wiederaufnahme des Verfahrens findet nicht statt.

Art. 23 (Aufhebung der Volksgerichte)
Die Aufhebung der Volksgerichte erfolgt durch Beschluß des Gesamtministeriums und ist durch öffentliche Blätter bekanntzumachen.

Art. 24 (Zuständigkeit nach Aufhebung der Volksgerichte)
Nach Aufhebung der Volksgerichte sind die bei den Volksgerichten erwachsenen Verhandlungen an die Staatsanwaltschaften bei den ordentlichen Gerichten abzugeben. In den noch anhängigen Strafsachen ist das ordentliche Verfahren einzuleiten. ...

3. *Verordnung des Gesamtministeriums des Freistaates Bayern über die Aufhebung der Volksgerichte vom 27. März 1924*

Aufgrund des Art. 23 des Gesetzes vom 12. Juli 1919 über die Einsetzung von Volksgerichten bei inneren Unruhen werden das Volksgericht München I mit Wirkung vom 15. Mai 1924 und die übrigen Volksgerichte mit Wirkung vom 1. April 1924 aufgehoben.

Quellen- und Literaturhinweise

1. Die ergiebigsten und unmittelbarsten Quellen haben die nationalsozialistischen Machthaber alsbald nach der „Machtergreifung" beiseitegeschafft, nämlich die 19 Bände füllenden Prozeßakten des Volksgerichts München I in der Strafsache „Hitler, Adolf, und Genossen wegen Hochverrats" (AV. XIX 421/23, Volksg. Nr. 20/24). Ein Verzeichnis dieser und weiterer sechzehn beiseitegeschaffter Akten über Verfahren gegen Adolf Hitler, Rudolf Heß, Alfred Hoffmann, Gottfried Feder, Christian Weber und andere finden sich bei der Generaldirektion der Staatlichen Archive Bayerns, Reg. AZ´ 106-101.

2. Immerhin sind aber Dokumente erhalten geblieben, die sich mit dem Hitler-Prozeß befassen. Aus ihnen konnten die hier bedeutsamen Vorfälle ermittelt werden. Es handelt sich um folgende Akten:

Bayerisches Hauptstaatsarchiv

MA 103472 (Hitlerputsch Band I)
MA 103473 (Hitlerputsch Band II)
MA 103474 (Prozeß gegen Hitler u. Genossen)
MA 103475 (Zeitungsartikel zum Hitlerputsch)
MA 103476 (Protokolle des Untersuchungsausschusses des Bayerischen Landtags zur Untersuchung der Vorgänge vom 1. Mai 1923, 26. Sept. 1923 und 9. Nov. 1923)
MA 104221 (Handakt des Generalstaatskommissariats über den Hitlerputsch)
MA 104222 ⎫
MA 104223 ⎬ (Protokoll des Hitler-Prozesses)
MA 104224 ⎭
MInn 66260 Schutz der Staatsordnung
73694 ⎫
73695 ⎪
73696 ⎬ Akten des Bayerischen Innenministeriums
73697 ⎪ betr. Hitlerputsch
73698 ⎪
73699 ⎭

Staatsarchiv München

Akten der Polizeidirektion München

Pol-Dir 6709
Pol-Dir 6710 } Berichte über Beobachtungen 8. u. 9. November
Pol-Dir 6711 } 1923
Pol-Dir 6712
Pol-Dir 6713 } Vernehmungen und Aussagen
Pol-Dir 6715   Hitler-Prozeß – Vernehmungen
Pol-Dir 6716
Pol-Dir 6717 } Hitler-Prozeß
Pol-Dir 6718
Pol-Dir 6719 } Untersuchungsausschuß des Landtags

Akten der Staatsanwaltschaft München I

Staatsanw. Nr. 3073, 3098, 3099, 14 344 JVollZA Landsbg. 21.

Viele Personal- und Sachangaben enthält die „Chronik der bayerischen Justizverwaltung 1918 bis 1935, niedergeschrieben von den Referenten des Staatsministeriums der Justiz" (etwa 2000 Seiten, Schreibmaschinenmanuskript in der Bibliothek des Ministeriums, Reg. Nr. Q 6/426).

3. Angesichts der erwähnten Beseitigung der Prozeßakten ist eine bisher noch kaum beachtete Arbeit aus der Feder Wilhelm Hoegners von unersetzlichem Wert. Der Bayerische Landtag hatte am 31. Juli 1924 einen Ausschuß „zur Untersuchung der Vorgänge vom 1. Mai 1923 und der gegen Reichs- und Landesverfassung gerichteten Bestrebungen vom 26. September bis 9. November 1923" eingesetzt. Mit-Berichterstatter und Sachbearbeiter war der SPD-Abgeordnete Wilhelm Hoegner. Es dauerte bis 1927, ehe Hoegner seinen Bericht vorlegen konnte. Der Bericht umfaßt 1631 Schreibmaschinenseiten und beruht auf einer ungemein sorgfältigen Auswertung der Prozeß- und Polizeiakten. Er wurde, anders als sonst bei Landtagsdrucksachen üblich, „zur Raumersparnis nicht abgedruckt" (so der amtliche Vermerk im Register der Landtagsdrucksachen) und auf diese Weise einer gründlichen Diskussion und Unterrichtung weiter Kreise entzogen. Das, soweit ich sehe, einzige noch vorhandene Exemplar dieses hochinformativen Berichtes liegt im Bayerischen Hauptstaatsarchiv (MA 103476).

4. Eine ebenso wichtige und unmittelbare Quelle ist die in den Veröffentlichungen des Instituts für Zeitgeschichte unter dem Titel „Der Hitler-Putsch" von Ernst Deuerlein zusammengestellte und erläuterte Sammlung von 287 Dokumenten, vorwiegend

Behörden- und Augenzeugenberichte (Deutsche Verlags-Anstalt Stuttgart, 1962).

5. Aus den nach Hunderten zählenden Buchveröffentlichungen habe ich hauptsächlich folgende zu Rate gezogen:

Deuerlein, Ernst, Der Aufstieg der NSDAP in Augenzeugenberichten (München 1974)
Dornberg, John, Der Hitlerputsch, München 8. und 9. November 1923 (Frankfurt a. M. und Berlin 1989)
Gruchmann, Lothar, Justiz im Dritten Reich 1933 bis 1940 (München 1988)
Maser, Werner, Die Frühgeschichte der NSDAP, Hitlers Weg bis 1924 (Frankfurt am Main, Bonn, 1965)
Schwend, Karl, Bayern zwischen Monarchie und Diktatur (München 1954)
Sommer, Karl, Beiträge zur bayerischen und deutschen Geschichte in der Zeit von 1910 bis 1933, Privatdruck, Kreuth 1981, Archivexemplare vorhanden in der Bayerischen Staatsbibliothek und im Institut für Zeitgeschichte in München
Der *Hitler-Prozeß vor dem Volksgericht in München,* zwei Teile (wörtliche Wiedergabe einer privaten Hauptverhandlungs-Mitschrift), unveränderter Neudruck der Ausgabe München 1924, ohne Verfasser- und ohne Herausgeberangabe (Glashütte im Taunus 1973)

6. Bei einzelnen Vorgängen und einigen Zitaten habe ich die Quelle jeweils im Text oder in den Anmerkungen mitgeteilt.

Abbildungsverzeichnis

(die Zahlen in Klammern bezeichnen die Seitenzahlen)

1. Generalstaatskommissar Gustav von Kahr (15)
2. Proklamation vom 9. November 1923 (19)
3. Aufmarschplan der Hitler-Putschisten (23)
4. Polizeihauptmann Rudolf Schraut (27)
5. Das Putschisten-Mahnmal an der Feldherrnhalle (30)
6. Hitlers Strafliste (59)
7. Gruppenbild der Angeklagten und ihrer Verteidiger (68)
8. G. Roßbach und K. Neubauer in einer Putschistengruppe (79)
9. SPD-Stadtrat Kaspar Dott als Geisel (88)
10. Heinrich Himmler am 9. November 1923 vor dem bayer. Kriegsministerium (91)
11. Adolf Hitler als Häftling in Landsberg (111)
12. Adolf Hitler verläßt die Festung Landsberg (113)
13. Der Putschist Oberstlandesgerichtsrat Th. von der Pfordten (131)
14. Untersuchungsausschuß-Berichterstatter Dr. Wilhelm Hoegner (139)
15. Reichspräsident von Hindenburg reicht am „Tag von Potsdam" (21. 3. 1933) Reichskanzler Hitler die Hand (143)

Titelblatt: Adolf Hitler als Häftling in der Festung Landsberg

Bildarchive:
Abbildung 4: Privataufnahme, 14: Ullstein-Archiv, Titelbild Süddeutscher Verlag, die übrigen: Stadtarchiv München

Biographische Angaben
zugleich Personenregister

(Die Zahlen in Klammern verweisen auf die
entsprechenden Buchseiten)

Allfarth, Felix, * 5.7. 1901 in Leipzig. Kaufmann. Als Teilnehmer des „Marsches zur Feldherrnhalle" am 9.11. 1923 tödlich getroffen. (30)

Arco-Valley, Anton Graf von, * 5.2. 1897 in St. Martin bei Ried (Oberösterreich). Leutnant im Ersten Weltkrieg. Ermordete am 21.2. 1919 Ministerpräsident Kurt Eisner; am 16.1. 1920 zum Tode verurteilt, am nächsten Tage zu Festungshaft begnadigt, im Mai 1924 aus der Haftanstalt Landsberg entlassen, am 29.6. 1945 bei einem Verkehrsunfall nahe Salzburg tödlich verunglückt. (34, 63)

Auer, Erhard, * 22.12. 1874 in Dommelstadl bei Passau, 1907 Landtagsabgeordneter (SPD) in Bayern, 1918 Bayerischer Staatsminister des Inneren. Im Bayerischen Landtag beim Attentat vom 21.2. 1919 schwer verletzt. Mitglied der bayerischen Mehrheitssozialisten. † 20. 3. 1945 in Giengen an der Brenz. (24)

Aufseß, Hubert Karl Friedrich Freiherr von, * 1868, Oberregierungsrat, Leiter der Politischen Abteilung des bayerischen Generalstaatskommissariats. † 1940.(56)

Aull, Hans, * 5.6. 1869 in Ainring (Krs. Laufen), 3. Staatsanwalt in Memmingen (1899), dienstaufsichtführender 1. Staatsanwalt (Juni 1922), Oberstaatsanwalt in München (Dezember 1922), Oberlandesgerichtspräsident in Bamberg (1932), am 1.11. 1933 aus politischen Gründen „seiner Stellung enthoben", † 21.6. 1948 in Seehausen am Staffelsee. (57)

Bauer, Heinrich, * 28.12. 1867 in Arnstorf (Ndb.) Rechtsanwalt, Justizrat, Verteidiger von Heinz Pernet, † 10.7. 1934. (68)

Bauer, Hermann, * 12.1. 1884 in Deutenheim, Scheinfeld (Mittelfranken). Gymnasialprofessor am Wilhelmsgymnasium und am Maximiliansgymnasium in München, Präsident der Vereinigten

Vaterländischen Verbände Bayerns, Mitglied des Bayerischen Landtags 1924 bis 1933 (Deutschnationale Volkspartei), 1934 als Gegner des Nationalsozialismus auf eigenen Wunsch aus dem Staatsdienst entlassen. † 13.4. 1960 in Büderich bei Düsseldorf. (74)

Bauriedl, Andreas, * 4. 5. 1879 in Aschaffenburg. Hutmacher und Kaufmann. Als Teilnehmer des „Marsches zur Feldherrnhalle" am 9. 11. 1923 tödlich getroffen. (30)

Beck, Leonhard, * 6. 5. 1867 in Schwandorf, Buchbinder. Hilfsschutzmann, Laienbeisitzer beim Hitler-Prozeß 1924. 1943 abgemeldet nach Mittenwald. (67 f., 71)

Belleville, Rudolf, * 15. 7. 1894 in Augsburg, Polizeioberleutnant, † 14. 5. 1958 in München. (32 ff., 50)

Bernreuther, Friedrich, * 21. 4. 1881 in Bad Mergentheim, Regierungsrat bei der Polizeidirektion München, zuletzt Regierungs-Vizepräsident, † 20. 7. 1958 in Bamberg. (20)

Brauneis, Max, * 18. 9. 1878 in Germersheim. Zigarrenhändler. Ersatzbeisitzer beim Hitler-Prozeß, † 19. 4. 1961 in München. (65 ff.)

Brückner, Wilhelm, * 11. 12. 1884 in Baden-Baden. Nahm als Führer des SA-Regiments am 9. 11. 1923 am Hitler-Putsch teil, wurde deshalb zu eineinhalb Jahren Gefängnis verurteilt, aber bereits nach viereinhalb Monaten wieder entlassen. 1936 Mitglied des Deutschen Reichstags. Seit 1930 Chefadjutant Hitlers, 1940 jedoch wegen einer Auseinandersetzung mit Hitler überraschend entlassen, dann Oberst bei der deutschen Wehrmacht, geriet in amerikanische Kriegsgefangenschaft und starb im August 1954 in Herbstdorf (Chiemgau). (70 ff., 78, 89, 94)

Casella, Theodor, * 8. 8. 1900 in München. Bankvolontär, Leutnant, Mitglied des Freikorps Epp und der „Reichskriegsflagge". Als Teilnehmer des Hitler-Putsches am 9. 11. 1923 im Hof des Kriegsministeriums in München beim Widerstand gegen eine Reichswehreinheit tödlich getroffen. (30)

Christ, Alois, * 26. 1. 1862 in Holzkirchhausen, Bezirksamt Markt Heidenfeld. Seit 1. 10. 1921 Oberstlandesgerichtsrat. † 8. 3. 1932 in München. (120, 124)

Demmelmeyer, Max, * 23. 7. 1891 in Thalmässing (Mfr.). Nahm mit seinem Zug als Polizeileutnant den Feuerkampf gegen die Hitler-Putschisten vor der Feldherrnhalle am 9. 11. 1923 auf und verlegte den Fliehenden durch Absperrung der Theatiner- und der Residenzstraße den Weg zum Marienplatz. Als dabei General Ludendorff auf ihn zuging, nahm er ihn fest. (26, 28)

Dinter, Arthur, * 27. 6. 1876 in Mülhausen (Elsaß), Reichsvorstand der Deutschen Volkskirche. Verfaßte vorwiegend Schriften über völkisch-religiöse Fragen. (102)

Dott, Kaspar, * 6. 11. 1869 in Lichtenau. 1905 Mitglied des Gemeindekollegiums München (nachmals Stadtrat), Verwaltungsrat der städtischen Güter. Als Zapfenwirt betrieb er das Gasthaus „Sedan" in der Gravelottestraße in München. † 4. 3. 1949 in München. (88)

Dürr, Alfred, * 15. 6. 1879 in Würzburg. Vizepräsident und Präsident des Oberlandesgerichts München. † 19. 9. 1953 in München. (64)

Ehard, Hans, * 10. 11. 1887 in Bamberg. Mitglied der Bayerischen Volkspartei, Untersuchungsführer und Staatsanwalt im Hitlerprozeß. 1926 bis 1928 im Reichsjustizministerium, dann im Bayerischen Justizministerium. 1933 bis 1945 Präsident eines Zivilsenates am Oberlandesgericht München. Es gelang ihm, einen Schreibmaschinendurchschlag des Protokolls des Hitlerprozesses zu retten. Als Mitglied der CSU wurde er 1945 Staatssekretär im Bayerischen Justizministerium, von 1946 bis 1954 und von 1960 bis 1962 Ministerpräsident von Bayern, 1949 bis 1954 Landesvorsitzender der CSU, anschließend bis Januar 1960 Landtagspräsident, von 1962 bis 1966 Bayerischer Justizminister, † am 18. 10. 1980 in München. (35 ff., 50, 56, 69, 105, 127)

Ehrhardt, Hermann, * 29. 11. 1881 in Diersburg (Baden), Consul, Kommandant a. D. der Kaiserlichen Kriegsmarine. Führer des nach ihm benannten Freikorps. Kämpfte 1919 gegen die bayerische Räterepublik und 1920 beim Kapp-Putsch gegen die Reichsregierung. Seine terroristische Sabotagegruppe „Organisation Konsul" beging eine Reihe politischer Morde. Seine Söldnerarmee „Wikingbund" diente dem Kahrregime als Hilfspolizei. Als Rivale Hitlers weigerte er sich, bei Hitlers Putsch mitzumachen. † Juli 1971. (42, 149 f.)

Ehrlich, Wilhelm, * 19. 8. 1894 in Glownow (Posen). Leutnant, Bankbeamter. Als Beteiligter des „Marsches zur Feldherrnhalle" am 9. 11. 1923 tödlich getroffen. (30)

Epp, Franz Ritter von, * 16. 10. 1868 in München. 1901/02 Teilnehmer des deutschen Expeditionskorps in China, 1904 bis 1906 Kompaniechef im Krieg gegen die Hereros in Deutsch-Südwestafrika. Kommandeur des Bayerischen Infanterie-Leibregiments im Ersten Weltkrieg, Träger des Pour le mérite, 1919 Führer des „Freikorps Epp", Mitglied der Bayerischen Volkspartei, machte beim Hitler-Putsch nicht mit, trat aber dann der NSDAP bei, Mitglied des Deutschen Reichstages. Am 9.3. 1933 Reichskommissar in Bayern, am 10.4. 1933 Reichsstatthalter in Bayern, war gegen eine „unangemessene Anwendung der Schutzhaft", galt als parteiinterner Kritiker Hitlers, starb am 31.1. 1947 in einem Münchener Krankenhaus als Internierter der amerikanischen Besatzungsmacht. (40)

Faulhaber, Michael von, * 5.3. 1869 in Heidenfeld (Unterfranken). Bäckers- und Landwirtssohn, 1903 Theologieprofessor in Straßburg, 1910 Bischof von Speyer, 1917 Erzbischof von München und Freising, 1921 Kardinal, † 12.6. 1952 in München. (39, 44f., 145)

Faust, Martin, * 27.1. 1901 in Hemau (Oberpfalz). Bankbeamter. Mitglied von Röhms „Reichskriegsflagge". Als Teilnehmer des Hitler-Putsches am 9.11. 1923 im Hof des Kriegsministeriums in München tödlich getroffen. (30)

Fink, Friedrich, * 23.4. 1887 in Eschenau (Bezirksamt Erlangen). Wagner, Desinfekteur, Schreiner, Rottmeister, Polizeioberwachtmeister. Von den Hitler-Putschisten am 9.11. 1923 durch Kopfschuß getötet. (24, 30)

Frick, Wilhelm, * 12.3. 1877 in Alsenz (Pfalz). 1919 Beamter der politischen Polizei in München, Hitlers Verbindungsmann zum Polizeipräsidium, ermöglichte Fememördern die Flucht, Teilnahme am Hitler-Putsch vom 9.11. 1923, zu 15 Monaten Festungshaft verurteilt, 1924 vorzeitig entlassen, Mitglied des Deutschen Reichstages und Fraktionsführer der NSDAP. 1930 Thüringischer Innenminister, Januar 1933 bis August 1943 Reichs-Innenminister. Arbeitete die meisten Terrorgesetze des Dritten Reiches aus. 1943 Reichsprotektor in Böhmen und Mähren. Vom Internationalen Militärgerichtshof in Nürnberg zum Tode verurteilt, am 16. Oktober 1946 durch den Strang hingerichtet. (68ff., 77, 89, 94)

Gademann, Otto, * 23.5. 1892 in Apolda. Rechtsanwalt, Verteidiger im Hitler-Prozeß. † 20.3. 1971 in Berlin. (90)

Gayl, Wilhelm von, * 1879 in Königsberg. 1918 Landeshauptmann von Litauen, 1921 Bevollmächtigter zum Reichsrat und Mitglied der Preußischen Staatsregierung, 1932 Reichsminister des Inneren. † 1950 in Berlin. (74)

Godin, Michel Freiherr von, * 8.10. 1896 in München. Polizeioberleutnant, Chef der Kompanie, die am 9. November 1923 an der Feldherrnhalle auf die Putschisten geschossen hat. Wurde schon 1926 gezwungen, seine Polizeilaufbahn aufzugeben. Emigrierte nach Österreich. Bei einem Besuch in Deutschland wurde er von der Gestapo acht Monate lang verhört und gefoltert, bevor er nach Österreich zurückkehren konnte. 1938 floh er in die Schweiz. Nach 1945 ernannte ihn Hoegner zum Chef der bayerischen Landpolizei. 1966 pensioniert. † 11. 1. 1982 in München. (25)

Göring, Hermann, * 12. 1. 1893 in Rosenheim. Letzter Chef des Jagdgeschwaders Richthofen (1918), Träger des Pour le mérite, 1922 Kommandeur der SA, wurde am 9. 11. 1923 beim Hitler-Putsch durch einen Querschläger an der Hüfte schwer verwundet, wurde von einer jüdischen Familie geborgen und in Garmisch-Partenkirchen behandelt. Er entkam über Österreich nach Italien, wo er Mussolini kennenlernte. 1925 wurde er in Schweden, da er durch die Behandlung seiner Verwundung morphiumsüchtig geworden war, in eine psychiatrische Klinik verbracht. 1928 Reichstagsmitglied. 1933 Preußischer Ministerpräsident und Innenminister. Schöpfer des Geheimen Staatspolizeiamtes. Errichtete die ersten Konzentrationslager. Beim Blutbad vom 30. Juni 1934 trug er die Verantwortung für die Erschießung Ernst Röhms und anderer SA-Führer. 1935 Oberbefehlshaber der Luftwaffe. 1936 Beauftragter für den Vierjahresplan. In seiner Reichstagsrede vom 1. September 1939 bestimmte ihn Hitler zu seinem Nachfolger, 1940 Reichsmarschall. In den letzten Kriegstagen glaubte er, daß Hitler im Bunker der Reichskanzlei abgedankt habe, und wollte dessen Nachfolge antreten. Er wurde daher aller seiner Ämter enthoben, aus der Partei ausgestoßen und verhaftet. Vom Internationalen Militärgerichtshof in Nürnberg wurde er zum Tode verurteilt, am 15. 10. 1946, zwei Stunden, bevor die Hinrichtung stattfinden sollte, vergiftete er sich. (50, 76, 143)

Goetz, Georg, Rechtsanwalt, Verteidiger Fricks im Hitler-Prozeß. (68)

Gürtner, Franz, * 26. 8. 1881 in Regensburg. Ab August 1922 Bayerischer Justizminister. Ab Juni 1932 Reichsjustizminister. Mitglied der deutschnationalen Bayerischen Mittelpartei. Er erreichte nach dem Hitler-Prozeß, daß die NSDAP in Bayern wieder zugelassen wurde und Hitler als Versammlungsredner auftreten durfte. Protestierte nachhaltig, aber ergebnislos gegen die Grausamkeiten in den Konzentrationslagern. Dennoch blieb er im Amt in der Hoffnung, Schlimmeres verhüten zu können. So mußte er schließlich kriminelle Akte offiziell gutheißen und „rechtlich untermauern". † 29. 1. 1941 in Berlin. (20, 58, 64, 138)

Gütermann, Landgerichtsdirektor am Landgericht München I (1926). (135)

Haisermann, Josef, * 11. 5. 1863 in Augsburg. Ab 1. 5. 1924 Rat am Bayerischen Obersten Landesgericht, bekam 1929 bei seiner Pensionierung Titel und Rang eines Geheimen Rates. † 8. 10. 1950 in Diessen. (120, 124)

Hanfstaengl, Ernst Franz (Spitzname „Putzi") * 11. 2. 1887 in München, studierte in Harvard, Studienfreund des späteren Präsidenten Roosevelt, 1923 nahm er am Hitler-Putsch teil, 1931 Auslands-Chef der NSDAP, 1935 Mitglied des Stabes des Führer-Stellvertreters Rudolf Heß, emigrierte 1937 über die Schweiz nach London, 1940–1942 Aufenthalt in Kanada, 1942–1944 Berater Präsident Roosevelts, 1946 Rückkehr nach Deutschland. † 6. 11. 1975 in München. (28, 112)

Hechenberger, Anton, * 28. 9. 1902 in München. Schlosser, seit 1. 1. 1921 Mitglied der Reichswehr, Nachrichtenabteilung 7. Wurde als Teilnehmer des „Marsches zur Feldherrnhalle" am 9. 11. 1923 tödlich getroffen. (30)

Heintz, Nikolaus, * 18. 8. 1871 in Berneck, Landgerichtsrat in München, auch beim Volksgericht verwendet. † 24. 10. 1925 in Bayreuth. (116)

Hemmeter, Walther, * 29. 5. 1887 in München, Rechtsanwalt, Führer im Bund „Wiking", Freikorpskämpfer, Verteidiger von Pöhner und Robert Wagner im Hitler-Prozeß, am 3. 1. 1945 wegen staatsfeindlicher Äußerungen inhaftiert. 1948 Verteidiger der Witwe Neithardts in dessen postmortalem Spruchkammerverfahren. Wirtschaftliche Schwierigkeiten trugen ihm viele Gerichtsverfahren ein. † 23. 10. 1958 in München. (68)

Hermann, Philipp, * 21. 10. 1865 in Nürnberg. Comptoirgehilfe, Versicherungsbeamter bei der Münchner Rückversicherung, Laienbeisitzer des Volksgerichts beim Hitler-Prozeß 1924. † 10. 1. 1930 in München. (67f., 71)

Heß, Rudolf, * 26. 4. 1894 in Alexandria. Stoßtruppführer und Flieger im Ersten Weltkrieg, Student der Geopolitik, 1919 Freikorpsangehöriger. Sieben Monate Festungshaft wegen Teilnahme am Hitler-Putsch, bei dem er einige bayerische Minister als Geisel festgenommen und verschleppt hatte. Ab 21. 4. 1933 „Stellvertreter des Führers", 2. 12. 1933 Reichsminister ohne Geschäftsbereich, Reichstagsmitglied. Flog ohne Wissen Hitlers am 10. 5. 1941 nach Schottland und wurde dort interniert. Im Nürnberger Kriegsverbrecherprozeß wegen Verschwörung und Verbrechen gegen den Frieden zu lebenslanger Haft verurteilt, in der er am 17.8. 1987 verstarb. (32, 133)

Hewel, Walther, * 25. 3. 1904 in Köln. Studierte an der Technischen Hochschule in München. Fahnenträger des Stoßtrupps Hitlers beim Putschversuch am 9. 11. 1923, einer der Putschisten, die auf die Landespolizei schossen. Das Volksgericht verurteilte ihn zu einem Jahr und drei Monaten Festungshaft. 1938 Legationsrat 1. Klasse im Stab des Außenministers Ribbentrop, 1942 SS-Brigadeführer, 1943 Botschafter z. b. V. Gehörte zum innersten Kreis um Hitler. Seit er am 2. 5. 1945 die Reichskanzlei verließ, wurde er nicht mehr gesehen. Vermutlich Selbstmord. (24, 133, 138, 146)

Himmler, Heinrich, * 7. 10. 1900 in München. Diplomlandwirt, Reichsführer der SS, Chef der Geheimen Staatspolizei, der die Konzentrationslager unterstanden. Vergiftete sich am 23. 5. 1945. (91)

Hindenburg, Paul von Beneckendorff, * 2. 10. 1847 in Posen. Generalfeldmarschall, seit 1925 Reichspräsident. † 2. 8. 1934 in Schloß Neudeck. (143 f.)

Hitler, Adolf, * 20. 4. 1889 in Braunau am Inn. Im Ersten Weltkrieg Gefreiter, 1925 Führer der Nationalsozialistischen Deutschen Arbeiterpartei, 1933 Reichskanzler. Beging in den letzten Tagen des Zweiten Weltkriegs am 30. 4. 1945 zusammen mit der ihm wenige Stunden vorher angetrauten Eva Braun im Bunker der Reichskanzlei in Berlin Selbstmord.

Hoegner, Wilhelm, * 23.9. 1887 in München. Staatsanwalt, seit 1919 SPD-Mitglied, 1924 bis 1933 Mitglied des Bayerischen Landtags, 1930 bis 1933 Reichstagsabgeordneter, Emigration nach Österreich und in die Schweiz, 1945 Ernennung zum Bayerischen Ministerpräsidenten durch die amerikanische Besatzungsmacht, Rücktritt 1946. 1954 vom Landtag wieder zum Bayerischen Ministerpräsidenten gewählt, Rücktritt 1957. Landtagsmitglied von 1946–1970. Starb völlig erblindet am 5.3. 1980 in München. (99, 137, 139, 141)

Hoffmann, Johannes, * 3.7. 1867 in Ilbesheim (Pfalz). Lehrer, 1908 Mitglied des Bayerischen Landtags (SPD), 1912 Mitglied des Reichstags, 8. 11. 1918 Bayerischer Kultusminister und Stellvertreter Kurt Eisners, 7. März 1919 Bayerischer Ministerpräsident und Minister des Äußeren sowie Kultusminister mit stark antiklerikalen Tendenzen. Wich mit Kabinett und Landtag vom 7. 4. bis 17. 8. 1919 nach Bamberg aus. 14. 3. 1920 durch ein Ultimatum rechter Kreise zum Rücktritt veranlaßt. Am 24. 8. 1920 legte er sein Landtagsmandat nieder, blieb aber Mitglied des Deutschen Reichstages. † 15.12.1930 in Wachenheim. (39, 147)

Holl, Alfred, * 21.7. 1883 in München. Rechtsanwalt, „Stahlhelm"-Führer, Verteidiger von Friedrich Weber im Hitler-Prozeß, Mitglied der altpreußischen Freimaurerloge „Freundschaft im Hochland". † 30.5. 1966 in München. (68, 120f., 124)

Hollweg, Nikolaus, * 25.5. 1897 in Kulmbach. Kaufmann und Polizei-Unterwachtmeister. Von den Hitler-Putschisten beim „Marsch zur Feldherrnhalle" am 9.11.1923 erschossen. (24f., 30)

Kahr, Gustav Ritter von, * 1862 in Weißenburg. 1917 Regierungspräsident von Oberbayern, 1920 bis 1921 Bayerischer Ministerpräsident, 1923 bis 1924 Generalstaatskommissar, 1924 bis 1930 Präsident des Bayerischen Verwaltungsgerichtshofes. Am 30.6. 1934 von nationalsozialistischen Mördern auf dem Weg ins Konzentrationslager Dachau erschlagen. (13ff., 20, 40, 50, 66, 72ff., 80, 82ff., 89, 93f.)

Knilling, Eugen von, * 1865 in München. 1912 bis 1918 Bayerischer Staatsminister des Inneren für Kirchen- und Schulangelegenheiten, 1920 Bayerischer Landtagsabgeordneter (Bayerische Volkspartei), 1922 bis 1924 Bayerischer Ministerpräsident, 1924 Präsident der Bayerischen Staatsschuldenverwaltung. † 1927 in München. (17, 20)

Körner, Oskar, * 4.1. 1875 im Bezirk Reichenbach (Schlesien). Geschäftsinhaber, 1919 Mitglied des Deutschen Schutz-und-Trutz-Bundes, NSDAP-Mitglied Nr. 743, 5.1. 1920 zweiter Schriftführer der NSDAP, 29.7. 1921 zweiter Vorsitzender der Partei, wurde wegen Flugblattverteilung und Körperverletzung zu Geldstrafen, am 12.1. 1922 wegen Landfriedensbruchs zusammen mit Hitler zu drei Monaten Gefängnis verurteilt. Beim „Marsch zur Feldherrnhalle" am 9.11. 1923 tödlich getroffen. (30)

Kohl, Karl, * 26.5. 1869 in Memmingen, Justizrat, Rechtsanwalt, Verteidiger Brückners im Hitler-Prozeß, schon vor dem Ersten Weltkrieg mehrmals ehrengerichtlich beanstandet, bekam „schärfste Mißbilligung" wegen seiner Ungehörigkeiten im Hitler-Prozeß. † 9.3. 1935 in München. (68)

Kriebel, Hermann, * 20.1. 1876 in Germersheim (Pfalz). Major im Generalstab, Oberstleutnant a.D., 1923 militärischer Führer des Kampfbundes und Gruppenführer der SA. Generalkonsul in Shanghai (1934). †16.2. 1941. (68, 70ff., 75, 77f., 80, 86, 99ff., 104ff., 112, 115f., 120ff., 127ff.)

Kuhn, Karl Georg, * 26. 7. 1897 in Heilbronn. Oberkellner, geriet (in Zivil) am 9. 11. 1923 nach seinem Schichtdienst im Odeon-Casino am Wittelsbacherplatz in München auf dem Nachhauseweg vor der Residenz in den Zug der Hitler-Putschisten und wurde von einer verirrten Kugel tödlich getroffen. Die Nationalsozialisten haben seiner Frau und seinen zwei Kindern versorgungsrechtlich den Status von Hinterbliebenen eines „NS-Märtyrers" zuerkannt und seinen Namen auf der Gedenktafel in der Feldherrnhalle angebracht. Seine Leiche wurde am 9. November 1935 vom Münchener Ostfriedhof in einen der beiden Ehrentempel am Königsplatz in München umgebettet, als sechzehnter Toter neben den fünfzehn „Märtyrern des 9. November". Am 9. 7. 1945 wurde die Leiche wieder in den Ostfriedhof zurückgebracht. (26, 30)

Laforce, Karl, * 28. 10. 1904 in München. Stud.-Ing. Als Putschist beim „Marsch zur Feldherrnhalle" am 9. 11. 1923 tödlich getroffen. (30)

Lehmann, Julius Friedrich, * 1864 in Zürich. Verleger und Buchhändler, besonders für medizinische, völkische und rassenhygienische Literatur. Aktiv in der ultranationalistischen, antirepublikanischen und antisemitischen Bewegung, Gründungsmitglied der völkischen Geheimgesellschaft „Thule". In seiner Villa in Großhesselohe waren die Minister Gürtner, Schweyer und Wutzlhofer von Rudolf Heß in der Nacht zum 9. 11. 1923 inhaftiert worden. Schwiegervater von Friedrich Weber (siehe unten). † 24. 3. 1935 in München. (20, 109)

Lemberg, Ludwig, * 15. 2. 1870. Stellvertr. Landgerichtsdirektor am Landgericht München I. Ab 1. 4. 1937 im Ruhestand. (116, 135)

Leupold, Ludwig, Generalmajor, 1923 Kommandeur des II. Lehrganges der Infanterieschule München. † 24. 12. 1945. (89, 150)

Leybold, Otto, * 22. 1. 1868 in Ansbach. Oberregierungsrat, Direktor der Strafanstalt Landsberg, † 29. 9. 1933 in München. (107ff., 115, 125, 128ff.)

Leyendecker, August, * 13. 2. 1865 in Uffenheim. Landgerichtsrat, richterlicher Beisitzer im Hitler-Prozeß 1924. † 14. 8. 1937. (71)

Lossow, Otto Ritter von, * 15. 1. 1868 in Hof. 1908 Mitglied des preußischen Großen Generalstabs und außerordentliches Mitglied des bayerischen Senats beim Reichsmilitärgericht. 1911 bis 1914 in türkischen Militärdiensten, 1914 Generalstabschef des I. Bayerischen Reservekorps, 1915 als Militärbevollmächtigter in der Türkei, 1916 Generalmajor, 1919 Kommandeur der Infanterieschule in München, 1920 bis 1924 Kommandeur der Reichswehr im Wehrkreis VII und Bayerischer Landeskommandant. Weigerte sich 1923, den Befehl des Reichswehrministers (Verbot des Völkischen Beobachters) auszuführen und wurde deshalb am 20. 10. 1923 seines Dienstes enthoben und am 18. Februar 1924 in den vorzeitigen Ruhestand versetzt. Anschließend Berater und General der türkischen Armee. Anfang der dreißiger Jahre Rückkehr nach Deutschland. Die Wehrmacht schützte ihn vor den Bedrohungen der Nationalsozialisten. Starb völlig zurückgezogen am 25. 11. 1938 in München. (13 ff., 20, 40 f., 50, 72 ff., 78, 80, 82, 85 ff., 89, 93 f.)

Ludendorff, Erich, * 9. 4. 1865 in Kruszczewina bei Posen. 1914 Generalmajor, gefeierter Sieger der Schlacht von Tannenberg im August 1914. 1917/18 Erster Generalquartiermeister bei der obersten Heeresleitung, unterstützte die Idee, Lenin in einem plombierten Eisenbahnwagen (am 16. 4. 1917) von der Schweiz nach Rußland zu schicken, forderte 1918 mangels Siegeschancen Waffenstillstandsverhandlungen, im Oktober 1918 aus dem Heer entlassen. Anstifter des „Marsches zur Feldherrnhalle". Im Hitler-Prozeß freigesprochen. 1924 Reichstagsabgeordneter. Unter dem Einfluß seiner zweiten Frau Mathilde gründete er 1926 den „Tannenberg-Bund" gegen die „überstaatlichen Mächte". † 20. 12. 1937 in Tutzing. (14, 16 f., 22, 24, 28, 34 f., 41, 68 ff., 72 f., 75 ff., 79, 89, 109, 112, 117, 126)

Luetgebrune, Walter, * 18. 2. 1879 in Ehrentrup (bei Lippe). Rechtsanwalt, Verteidiger Ludendorffs im Hitler-Prozeß. 1932 oberster Rechtsberater der SA und der SS, 1933 Ministerialdirektor im preußischen Ministerium des Innern, Mitglied des Führerrates der Akademie für deutsches Recht. † 21. 8. 1949 in Mittenwald. (68)

Mantel, Karl, * 13. 2. 1869 in Winnweiler (Bez.-Amt Kaiserslautern. Präsident der Polizeidirektion München (August 1923). † 28. 8. 1929 in München. (20)

Matt, Franz, * 1860 in Offenbach. 1920 bis 1926 Kultusminister. Organisierte in der Nacht zum 9. 11. 1923 in Regensburg eine Exilregierung. † 1929 in München. (20 f., 140)

Mayer, Hellmuth, Rechtsanwalt in Würzburg, Verteidiger Friedrich Webers im Hitler-Prozeß. (68)

Mayer, Rupert, * 23. 1. 1876 in Stuttgart, Jesuitenpater, seit 1912 in München rastlos caritativ tätig. Als Divisionspfarrer im Ersten Weltkrieg mit dem EK I ausgezeichnet und schwer verwundet

(Beinamputation). 1937 vom Sondergericht München wegen „hetzerischer Predigten" und „Kanzelmißbrauchs" zu sechs Monaten Gefängnis verurteilt. Dezember 1939 bis August 1940 im Konzentrationslager Oranienburg, dann Zwangsaufenthalt im Kloster Ettal. † 1.11. 1945 in München. Am 3.5. 1987 durch Papst Johannes Paul II. in München seliggesprochen. (26, 44, 55, 97)

Minoux, Friedrich, * 21.3. 1877. Großindustrieller, Generaldirektor des Stinnes-Konzerns, Leiter der Minoux-Aktiengesellschaft. (74)

Neithardt, Georg, * 31.1. 1871 in Nürnberg. Landgerichtsdirektor, vom 15.4. 1919 bis 15.5. 1924 Vorsitzender des Volksgerichts in München, 1924 Vorsitzender im Hitler-Prozeß, September 1933 Oberlandesgerichtspräsident in München. † 1.10. 1941 in München. (47, 57, 61 ff., 67 f., 71, 94)

Neubauer, Kurt Ernst, * 27.3. 1899 in Hopfengarten (Landratsamt Bromberg in Preußen). Kämpfte nach dem Ersten Weltkrieg unter Roßbach (siehe unten) im Baltikum. Diener Ludendorffs. SA-Mann. Als Teilnehmer des „Marsches zur Feldherrnhalle" am 9.11. 1923 tödlich getroffen. (30, 79)

Neunzert, Max, * 29.8. 1892 in Winhöring (bei Altötting). Leutnant a. D., Leiter der Nachrichtenabteilung im Oberkommando des „Kampfbundes". (103, 128)

Östreicher, Ludwig, * 16.3. 1886 in München. Hauptmann a. D., Elektrotechniker, Führer des Bundes „Oberland", der die Festnahme von Juden in der Nacht zum 9.11. 1923 durchführte. (40)

Oswald, Heinrich, * 1866. Bayerischer Staatsminister für soziale Fragen 1920–1928. Wirkte in der Nacht zum 9.11. 1923 mit Matt an der Bildung der Exilregierung mit. † 1929. (20)

Ott, Alois Maria, * 14.3. 1891 in Ingolstadt. Strafanstalts-Oberlehrer und Psychologe in der Strafanstalt Landsberg am Lech. † 12.6. 1989 in Söcking b. Starnberg. (35)

Pape, Claus von, * 16.8. 1904. Kaufmann. Als Beteiligter des „Marsches zur Feldherrnhalle" am 9.11. 1923 tödlich getroffen. (30)

Pernet, Heinz, * 5.9. 1896 in Charlottenburg. Stiefsohn Erich Ludendorffs. (70 f., 73, 75, 77, 89)

Pfordten, Theodor von der, * 14.5. 1873 in Bayreuth. Rat am Bayerischen Obersten Landesgericht. Als Teilnehmer des „Marsches zur Feldherrnhalle" am 9.11. 1923 tödlich getroffen. (28 ff., 34, 53, 131, 138)

Pöhner, Ernst, * 11.1. 1870 in Hof. 1919 Polizeipräsident in München. Einer der Hauptverantwortlichen bei der Vertuschung von politischen Mordtaten der Rechtsextremisten während der Räterepublik im Frühjahr 1919 in München. Ab 16. Oktober 1921 Rat am Bayerischen Obersten Landesgericht. Im Hitler-Prozeß wegen Hochverrats zu fünf Jahren Festungshaft verurteilt. Nach dreimonatiger Haft im April 1925 begnadigt. Vom richterlichen Disziplinargericht 1924 dienstentlassen. 1924 bis 1925 Mitglied des Bayerischen Landtags. Am 11. April 1925 in Ast bei Feldkirchen tödlich verunglückt. (16, 18, 40, 69ff., 75, 77f., 80, 86f., 89, 99f.)

Rickmers, Johann, * 7.5. 1881 in Wiesbaden. Rittmeister a. D., als Teilnehmer des „Marsches zur Feldherrnhalle" am 9.11. 1923 getroffen und am 28.11. 1923 gestorben. (30)

Roder, Lorenz, * 25.1. 1881 in Oettingen-Nittingen. Rechtsanwalt, Verteidiger Hitlers, Pöhners und Fricks im Hitler-Prozeß. 1938 zum Justizrat ernannt, 1948 von der Spruchkammer als „Minderbelasteter" eingestuft. † 23.5. 1958 in Münsing. (41, 68)

Röhm, Ernst, * 28.11. 1887 in München. Mitbegründer der „Schwarzen Reichswehr". Als Teilnehmer des Hitler-Putsches (Führer der „Reichskriegsflagge") zu eineinhalb Jahren Gefängnis verurteilt und deshalb aus der Reichswehr entlassen. 1924 Mitglied des Reichstags (Deutsch-Völkische Freiheitspartei). 1928–1930 Militärberater in Bolivien. Stabschef der SA, Reichsminister ohne Geschäftsbereich und Bayerischer Staatsminister, war über die Bürokratisierung der NS-Bewegung nach 1933 verbittert, am 30. Juli 1934 wurde er (beim sogenannten Röhm-Putsch) nach einer homosexuellen Orgie in Bad Wiessee von Hitler aus dem Bett geholt und in die Strafanstalt Stadelheim gebracht, wo er sich weigerte, Selbstmord zu begehen und zwei Tage später von zwei SS-Leuten auf Befehl Hitlers erschossen wurde. (22, 24, 68ff., 78, 89, 94, 105, 107, 109, 112, 117)

Roßbach, Gerhard, * 28.2. 1893 in Kiehrberg (Kreis Stettin). Oberleutnant a. D. Rechtsextremer Freikorpskämpfer. Während des Putsches am 8./9.11. 1923 organisierte er den Einsatz der Studenten, Kadetten und Offiziersanwärter der Reichswehr-Infanterie-Schule in München. Floh nach Österreich, verlor sein Ansehen bei den Hitlerleuten. Am 30.6. 1934 wurde er „nur" verhaftet, nicht wie die anderen „Röhm-Putsch"-Opfer ermordet. Im Zweiten Weltkrieg führte er ein Import-Export-Geschäft in der Nähe Frankfurts. (75f., 78f.)

Salberg, August, * 23.5. 1871. Landgerichtsdirektor am Landgericht München I, ab 1.9. 1937 im Ruhestand. (135)

Scheubner-Richter, Max Erwin von, * 21. 1. 1884 in Riga. Dr.-Ing., russischer Emigrant, Offizier, Mitarbeiter und Berater Hitlers, Geschäftsführer der NSDAP. Nach Verwendung im diplomatischen Dienst gründete er die Zeitschrift „Aufbau". 1920 Teilnehmer am Kapp-Putsch. Als Teilnehmer des „Marsches zur Feldherrnhalle" am 9. 11. 1923 tödlich getroffen. Hitler vermißte den „unersetzlichen Revolutionsstrategen" schmerzlich. (28, 30, 34, 75, 77)

Schmid, Eduard, * 15. 10. 1861 in Ostrach, nach dem Ersten Weltkrieg Erster Bürgermeister (SPD) in München. † 8. 6. 1933 in München. (24)

Schoberth, Max, * 15. 3. 1903 in Niederreuth bei Asch (Obb.). Bäckergehilfe, Polizist, wurde von den Hitler-Putschisten, als er ihnen vor der Feldherrnhalle entgegentrat, erschossen. (24, 30)

Schramm, Christoph, * 29. 4. 1871 in Stadtsteinach. Rechtsanwalt, Justizrat, Verteidiger Ernst Röhms, 1928–1933 Präsident der Münchener Rechtsanwaltskammer, Vorsitzender des Ehrengerichts, von den Nationalsozialisten wegen „Verjudung der Reichsanwaltskammer" aller Ämter enthoben. † 15. 2. 1966 in München. (68, 90)

Schraut, Rudolf, * 4. 7. 1886 in Würzburg. Rittmeister, Polizeihauptmann. Verheiratet seit 11. 6. 1923, wurde, als er am 9. 11. 1923 den Hitler-Putschisten vor der Feldherrnhalle entgegentrat, von diesen erschossen. (24, 27, 30)

Schweyer, Franz, * 26. 8. 1868 in Oberzell. 1920 Staatssekretär im Reichsarbeitsministerium. 1921 bis 2. 7. 1924 Bayerischer Innenminister. † 10. 11. 1935 in München. (13, 20, 138, 146)

Seeber, Josef, * 20. 5. 1869 in Nürnberg. 1897 Staatsanwalt, 1898 Amtsrichter, nach 1914 abgeordnet zur Reichsanwaltschaft in Leipzig. Mitglied des Bayerischen Obersten Landesgerichts, seit 1. 12. 1923 als Rat, seit 1. 7. 1924 als Senatspräsident. † 23. 12. 1951. (120, 124, 129)

Seeckt, Hans von, * 22. 4. 1866 in Schleswig. Im Ersten Weltkrieg Generalstabschef der 11. Armee. 1920 bis 1926 Chef der Heeresleitung der 100000-Mann-Reichswehr. 1930–1932 Mitglied des Reichstags (DVP). 1930–1932 und 1934–1935 Ratgeber und General Chiang Kai-sheks in China. † 27. 12. 1936 in Berlin. (74)

Seißer, Hans Ritter von, * 9. 12. 1874 in Würzburg. 1919 Polizeioberst bei der bayerischen Landespolizei, Chef des Landespolizeiamtes im Bayerischen Staatsministerium des Inneren, wirkte im April 1919 als Chef des Generalstabes des Gruppenkommandos

West entscheidend bei der Niederschlagung der Räteherrschaft in München mit. 8.5. 1919 Stadtkommandant von München. 1930 aus dem Staatsdienst ausgeschieden und fortan als Fabrikbesitzer tätig, mußte seit Mai 1945 auf Weisung der amerikanischen Besatzungsmacht einige Monate lang als Präsident der Landespolizei in München fungieren. Hoegner hielt ihn für einen heimlichen Nazi und entließ ihn alsbald wieder; er ernannte Godin zum Landespolizeipräsidenten. † 14.4. 1973 in München. (13 ff., 20, 40 f., 50, 72 ff., 80, 82, 85 ff., 89, 93 f.)

Simmerding, Joseph, * 28.10. 1869 in Neustadt an der Waldnaab. Landgerichtsdirektor, Ersatzbeisitzer im Hitler-Prozeß, nach 1945 Senatspräsident am Kassationshof des Bayerischen Sonderministeriums für Spruchkammerverfahren. † 19.11. 1959 in München. (67 f.)

Soden-Fraunhofen, Josef Maria Graf von, * 30.5. 1883 in Neufraunhofen. 1923 bis 1935 Kabinettschef des Kronprinzen Rupprecht, Ehrenbailli des Malteser-Ritterordens. † 9.3. 1972 in Gauting. (20)

Stenglein, Ludwig, * 27.12. 1869 in Regensburg. Erster Staatsanwalt im Hitler-Prozeß. † 12.11. 1936 in Köln. (36, 43, 56 f., 69, 107, 130, 132)

Stransky, Lorenz, Ritter von Stranka und Greifenfels, * 14.3. 1899 in München. Ingenieur, Firmenvertreter, verheiratet, als Teilnehmer des „Marsches zur Feldherrnhalle" am 9.11. 1923 tödlich getroffen. (30)

Stresemann, Gustav, * 10.5. 1878 in Berlin. August bis November 1923 Reichskanzler. Seit 1923 Außenminister. 1926 bekam er den Friedens-Nobelpreis. † 3.10. 1929 in Berlin. (86)

Tenner, Friedrich, * 31.7. 1876 in Greiz. Oberregierungsrat, 1923 Vertreter des Münchener Polizeipräsidenten (Polizeidirektor), 1941 in den Ruhestand versetzt, 1947 reaktiviert als Oberverwaltungsgerichtsrat beim Bayerischen Verwaltungsgerichtshof. † 12.4. 1960. (101)

Thoma, Ludwig, * 21.1. 1867 in Oberammergau. Erfolgreicher bayerischer Bühnenautor und Romanschriftsteller, verfaßte Simplicissimus-Beiträge gegen Militarismus und die preußischen Monarchen. Schwenkte im Ersten Weltkrieg zur militärfreudigen Rechten über. † 26.8. 1921 in Rottach-Egern. (46)

Vollmuth, Hugo, * 27.1. 1870 in Neustadt a.d. Saale. Von Februar 1919 bis Mai 1924 Richter am Volksgericht, dann stellvertretender Landgerichtsdirektor in München, † 21.2. 1934 in München. (116)

Wagner, Robert, * 13. 10. 1895 in Lindach. Teilnehmer am Hitler-Putsch, 1924 verurteilt im Hitler-Prozeß. 1925 Gauleiter der NSDAP in Baden, 1929 bis 1933 Mitglied des Badischen Landtages, ab 1933 Mitglied des Reichstages, 1933 Reichsstatthalter in Baden, während des Zweiten Weltkrieges Gauleiter von Baden-Elsaß und Chef der Zivilverwaltung im Elsaß. Ein französisches Kriegsgericht verurteilte ihm zum Tode, am 14. 8. 1946 wurde er in Straßburg hingerichtet. (70f., 73, 75f., 78, 89)

Weber, Friedrich, * 30 1. 1892. Dr. med. vet. Tierarzt, Freikorpskämpfer, Zeitfreiwilliger bei den Ruhrkämpfen 1920 und bei den schlesischen Abwehrkämpfen 1921, Führer des Bundes „Oberland", tätig bei der tierärztlichen Fakultät in München. Als Teilnehmer am Hitler-Putsch 1924 verurteilt und kurze Zeit inhaftiert. Nach 1933 Ministerialdirektor beim Reichsministerium des Inneren, SS-Oberführer. Schwiegersohn J. F. Lehmanns (siehe oben). Nach 1945 noch als Tierarzt praktizierend. † 1954. (67 ff., 75, 77 f., 80, 82, 86, 89, 99 ff., 105 f., 108 ff., 120 ff.)

Weiß, Ferdl (bürgerlicher Name: Ferdinand Weisheitinger), * 28. 6. 1883 in Altötting. Beliebter Volkssänger, Humorist und Filmdarsteller, „Paradebayer mit ‚vaterländisch-pathetischen populistischen Produktionen'". † 19. 6. 1949 in München-Solln. (46 f.)

Wolf, Wilhelm, * 19. 10. 1898 in München. Kochlehrling und Liftpage. Als Teilnehmer des „Marsches zur Feldherrnhalle" am 9. 11. 1923 tödlich getroffen. (30)

Wutzlhofer, Johannes, * 1871 in Obersinzing. 1919 bis 1923 bayerischer Landwirtschaftsminister. † 1939 in Straubing. (20)

Zentz, Eugen, * 22. 3. 1870 in Mettingen. Großkaufmann. 1917 Geheimer Kommerzienrat, Aufsichtsrat der Bayerischen Vereinsbank, im Vorstand des Bayerischen Industriellenverbandes, 1925 Ehrenbürger der Universität und der Technischen Hochschule München, Geschäftsführer der Österreichischen Tabakregie. † 1945 in Tutzing. (93)

Zezschwitz, Willibald von, * 19. 4. 1867 in Erlangen, Rechtsanwalt, Justizrat, militanter Antisemit, Verteidiger Ludendorffs im Hitler-Prozeß. † 22. 1. 1948 in Mittenwald. (68)

Zimmermann, Christian. Laienbeisitzer im Hitler-Prozeß. (67 f., 71)

Buchanzeigen

Ein ideales Geschenk für jedermann

**Gritschneder
Anwaltsgeschichten**

Von Otto Gritschneder

1988. 143 Seiten. Gebunden DM 24,–
ISBN 3-406-33434-2

Geschichten, wie sie nur das Leben schreibt, hat Otto Gritschneder mit einem feinen Gespür für Anekdotisches, Komik und Humor in diesem Band vereint. Einige sind so unwahrscheinlich, daß kein Schriftsteller sie sich besser ausdenken könnte. Der Verfasser jedoch hat die meisten als Anwalt selbst erlebt.
Jeden, der die Welt des Rechts von ihrer merkwürdigen und vergnüglichen Seite betrachten möchte, wird die Lektüre erfreuen. Für Juristen ist es darüber hinaus reizvoll, sich dem eigenen Alltag mit so außergewöhnlichen Fällen zu nähern.

Verlag C.H. Beck München

Göppinger
Juristen jüdischer Abstammung im „Dritten Reich"

Entrechtung und Verfolgung

Von Prof. Dr. Horst Göppinger, Richter am Oberlandesgericht a. D.

2., völlig neubearbeitete Auflage. 1990
XVII, 435 Seiten. In Leinen DM 78,–
ISBN 3-406-33902-6

Rüthers
Entartetes Recht

Rechtslehren und Kronjuristen im Dritten Reich

Von Dr. Bernd Rüthers, o. Professor der Rechte an der Universität Konstanz, Richter am Oberlandesgericht

2., verbesserte Auflage. 1989
230 Seiten. Broschiert DM 29,80
ISBN 3-406-32999-3

Rüthers
Carl Schmitt im Dritten Reich

Wissenschaft als Zeitgeist-Verstärkung?

Von Dr. Bernd Rüthers, o. Professor der Rechte an der Universität Konstanz, Richter am Oberlandesgericht

2., erweiterte Auflage. 1990
162 Seiten. Gebunden DM 28,–
ISBN 3-406-34701-0

Verlag C. H. Beck München